WILHELM DÜTZ

Der Gerichtsvollzieher als selbständiges Organ der Zwangsvollstreckung

Schriften zum Prozessrecht

Band 31

Der Gerichtsvollzieher als selbständiges Organ der Zwangsvollstreckung

Eine organisations- und aufsichtsrechtliche Studie

Von

Dr. Wilhelm Dütz
o. Professor der Rechte
an der Freien Universität Berlin

DUNCKER & HUMBLOT / BERLIN

Alle Rechte vorbehalten
© 1973 Duncker & Humblot, Berlin 41
Gedruckt 1973 bei Buchdruckerei Bruno Luck, Berlin 65
Printed in Germany
ISBN 3 428 02827 9

Vorwort

Die Studie behandelt erstmals monographisch eine in der Praxis vielfältig relevante Problematik: Die Grenzen der Selbständigkeit des Gerichtsvollziehers. Sie wendet sich einmal an die Beteiligten des Vollstreckungsverfahrens, ferner an die Gerichtsvollzieher und deren Verbandsorganisationen, weiter an die Prozeß- und Vollstreckungsgerichte und die dienstaufsichtführenden Stellen der verschiedenen Gerichtsverwaltungen sowie schließlich an alle, die sich in Praxis und Wissenschaft mit der Position und Funktion des wichtigsten Vollstreckungsorgans unserer Rechtsordnung zu befassen haben.

Die Schrift ist aus einer Arbeit entstanden, die im Auftrag des Landesverbandes Berlin im Deutschen Gerichtsvollzieherbund zum 90jährigen Bestehen des Vereins der Obergerichtsvollzieher im Kammergerichtsbezirk erstellt wurde und die Grundlage für einen aus diesem Anlaß zu haltenden Festvortrag darstellte.

In die ursprünglich nur auf die Berliner Verhältnisse ausgerichtete Untersuchung wurden im Interesse einer breiten Verwendungsmöglichkeit und praktikablen Handhabung die in den übrigen Bundesländern geltenden Rechtsvorschriften einbezogen. Ein entsprechender Gesetzesanhang dient dem gleichen Zweck. Diese Ausdehnung sowie die Aufstellung der Register besorgte Herr Referendar Gerhard Reinecke. Ihm möchte ich dafür auch an dieser Stelle danken.

Zu Dank verpflichtet bin ich ferner Herrn Ministerialrat a. D. Dr. J. Broermann und dem Verlag Duncker & Humblot, die sich bereitwillig für die Aufnahme der Studie in die Reihe „Schriften zum Prozeßrecht" eingesetzt haben.

Berlin, Sommer 1972

Wilhelm Dütz

Inhaltsverzeichnis

I. Problemstellung	11
II. Meinungsstand	14
III. Rechtsgrundlagen	18
1. Organisations- und beamtenrechtliche Normen	18
2. Prozessuale Normen	21
IV. Stellungnahme	22
1. Vollstreckungsgerichtliche Maßnahmen	22
a) Inhalt der Maßnahmen	22
b) Ermessen des Gerichtsvollziehers	23
c) Rechtsmittel des Gerichtsvollziehers	25
2. Organisations- und beamtenrechtliche Maßnahmen	26
a) Dienstaufsichtsmaßnahmen	26
(1) Inhalt der Maßnahmen	26
(2) Durchsetzung der Dienstaufsicht	29
(3) Verhältnis zu anderen Rechtsbehelfen	30
b) Fachaufsichtsmaßnahmen	31
c) Rechtsbehelfe des Gerichtsvollziehers	36
(1) Anfechtung von Dienstaufsichtsmaßnahmen	36
(a) Verwaltungsgerichtliche Klage	36
(b) Remonstration und Disziplinarverfahren	39
(c) Gegenvorstellung und Dienstaufsichtsbeschwerde	39
(2) Anfechtung von Fachaufsichtsmaßnahmen	40
(a) Gerichtliche Klage	40
(b) Rechtswegzuständigkeit	41
(c) Gegenvorstellung und Aufsichtsbeschwerde	43
V. Kostenrecht	44
1. Arten der Aufsicht	44
a) Gerichtliche Maßnahmen	44
(1) Vollstreckungserinnerung (§ 766 ZPO)	44
(2) Unrichtige Sachbehandlung (§ 11 GVKostG)	45

b) Maßnahmen der Justizverwaltung	46
(1) Dienstaufsicht	46
(2) Fachaufsicht	47
c) Verhältnis von Gerichts- und Verwaltungsmaßnahmen	50
2. Rechtsmittel des Gerichtsvollziehers	50
a) Beschwerde gegen gerichtliche Entscheidungen	50
(1) § 766 ZPO	50
(a) Meinungsstand	51
(b) Kritik	52
(c) Eigene Auffassung	54
(2) § 5 GVKostG	55
(3) § 11 GVKostG	56
b) Rechtsbehelfe gegen Maßnahmen der Justizverwaltung	56
(1) Dienstaufsicht	56
(2) Fachaufsicht	56
(a) Gerichtliche Klage	57
(b) Gegenvorstellung und Aufsichtsbeschwerde	58
VI. Zusammenfassung in Thesen	59
Gesetzesanhang	61
Literaturverzeichnis	72
Sachverzeichnis	76

Abkürzungen

ABl.	Amtsblatt
AGGVG	Gesetz zur Ausführung des Gerichtsverfassungsgesetzes
AV	Allgemeine Verfügung
BBG	Bundesbeamtengesetz
BG	Beamtengesetz
BKK	Die Betriebskrankenkasse
BRRG	Beamtenrechtsrahmengesetz
DGVZ	Deutsche Gerichtsvollzieher-Zeitung
DJ	Deutsche Justiz
DÖV	Die Öffentliche Verwaltung
DRG, DRiG	Deutsches Richtergesetz
DRpfl.	Der Deutsche Rechtspfleger
DVKostG	Durchführungsvorschriften zu den Kostengesetzen
DVBl.	Deutsches Verwaltungsblatt
EGGVG	Einführungsgesetz zum Gerichtsverfassungsgesetz
G	Gesetz
GKG	Gerichtskostengesetz
GV	Gerichtsvollzieher
GVG	Gerichtsverfassungsgesetz
GVGA	Geschäftsanweisung für Gerichtsvollzieher
GVGebO	Gebührenordnung für Gerichtsvollzieher
GVKostG	Gesetz über Kosten der Gerichtsvollzieher
GVKostGr	Gerichtsvollzieherkostengrundsätze (= Durchführungsbestimmungen zum GVKostG)
GVO	Gerichtsvollzieherordnung
HBG	Hessisches Beamtengesetz
JBeitrO	Jusitzbeitreibungsordnung
JurBüro	Juristisches Büro
JVBl.	Justizverwaltungsblatt
KostO	Kostenordnung
LBG	Landesbeamtengesetz
LDO	Landesdisziplinarordnung
NBG	Niedersächsisches Beamtengesetz
NdsRpfl.	Niedersächsische Rechtspflege
OLGRspr.	Die Rechtsprechung des Oberlandesgerichts auf dem Gebiete des Zivilrechts, hrsg. v. Mugdan und Falkmann
pr. JMBl.	Preußisches Justizministerialblatt

RBerG	Rechtsbereinigungsgesetz
RegBl.	Regierungsblatt
RJM	Reichsminister(ium) der Justiz
RpflG	Rechtspflegergesetz
RPLBG	Landesbeamtengesetz Rheinland-Pfalz
SBG	Saarländisches Beamtengesetz
SeuffA	Seufferts Archiv für Entscheidungen der Obersten Gerichte in den deutschen Staaten
SHLBG	Landesbeamtengesetz Schleswig-Holstein
VerwA	Verwaltungsarchiv
VwGO	Verwaltungsgerichtsordnung
ZPO	Zivilprozeßordnung
ZZP	Zeitschrift für Zivilprozeß

Zu den übrigen Abkürzungen s. Kirchner, Abkürzungsverzeichnis der Rechtssprache, 2. Aufl., 1968.

I. Problemstellung

Dem Gerichtsvollzieher obliegen sehr unterschiedliche Aufgaben. Sein Tätigkeitsbereich ist erheblich vielschichtiger als selbst dem Fachjuristen gemeinhin bekannt sein wird. Zahlreiche Gesetze und Verordnungen regeln seine Kompetenz. Die Geschäftsanweisung für Gerichtsvollzieher[1] bringt eine übersichtliche Darstellung der verschiedenen Zuständigkeiten: Zustellungen, Zwangsvollstreckungen, Verhaftungen und Vorführungen, Wechsel- und Scheckproteste, öffentliche Versteigerungen und freihändige Verkäufe, um nur die wichtigsten Dinge zu nennen[2]. Zu den wesentlichsten Aufgaben des Gerichtsvollziehers gehören die Zwangsvollstreckungen, soweit sie nicht anderen Vollstreckungsorganen zugewiesen sind (§ 753 Abs. 1 ZPO). Hierauf konzentriert sich die nachfolgende Untersuchung.

Als Vollstreckungsorgan ist der Gerichtsvollzieher in maßgeblicher Weise an der Realisierung des Rechtsstaats beteiligt. Denn unsere rechtsstaatliche Verfassung garantiert einen umfassenden und effektiven Rechtsschutz nicht nur durch die Gewährleistung einer verbindlichen richterlichen Entscheidung nach uneingeschränkter Wahrheits- und Rechtsprüfung in angemessener Zeit. Vielmehr besteht darüber hinaus eine Pflicht des Staates, richterliche Rechtssprüche zu vollziehen, soweit dies zur Rechtsverwirklichung erforderlich ist[3]. Hierzu ist der Gerichtsvollzieher im Umfang der ihm zugewiesenen Vollstreckungskompetenz aufgerufen. Damit wird zugleich die Bedeutung dieser rechtsstaatlich geforderten Aufgabe offenbar.

Bei seiner Vollstreckungstätigkeit tritt der Gerichtsvollzieher mit verschiedenen Personen und Einrichtungen in rechtlich relevante Berührung. Seine Beziehung zum Gläubiger und Schuldner, zum Dritten, z. B. dem Ersteher in der Zwangsversteigerung, auch sein Verhältnis zum

---

[1] Vgl. *Piller-Herrmann*, Justizverwaltungsvorschriften, Stand Januar 1972 zu Nr. 9 d.

[2] Vgl. auch § 24 GVO, s. *Piller-Herrmann* zu Nr. 9 c; ferner die einander z. T. sehr ähnlichen landesrechtlichen Sondervorschriften zur GVGA, abgedr. bei Piller-Herrmann, Anhang I—IX zu Nr. 9 d. Soweit Landesrecht Bedeutung hat, sind zunächst die Berliner Verhältnisse zugrunde gelegt worden; Hinweise auf die im wesentlichen gleiche Rechtslage in den übrigen Bundesländern finden sich in den Fußnoten.

[3] Vgl. *Dütz*, Rechtsstaatlicher Gerichtsschutz im Privatrecht, 1970, S. 132 f.

Vollstreckungsgericht ist vielfach erörtert worden und kann heute weithin als geklärt angesehen werden. Nur diese Beziehungen werden aber regelmäßig diskutiert, wenn von der Rechtsstellung des Gerichtsvollziehers die Rede ist[4]. Ähnliches kann man hingegen von den rechtlichen Beziehungen des Gerichtsvollziehers zum Aufsichtsrichter und vom Verhältnis der Aufsichtsmaßnahmen gegenüber dem Gerichtsvollzieher zu den prozessualen Rechtsbehelfen nicht feststellen. Die in dieser Hinsicht immer wieder zu beobachtenden Unklarheiten belasten erfahrungsgemäß die Tätigkeit des Gerichtsvollziehers und seine dienstliche Verantwortlichkeit. Das rechtfertigt eine nähere Untersuchung vor allem angesichts der gekennzeichneten rechtsstaatlichen Funktion der Vollstreckungstätigkeit des Gerichtsvollziehers und ihrer besonderen Bedeutung auch für dessen berufliche Position.

Fragt man nach der Aufsicht, der ein Gerichtsvollzieher unterliegt, so sucht man zunächst in den sehr detaillierten Vorschriften der Gerichtsvollzieherordnung und der Gerichtsvollziehergeschäftsanweisung. Hier finden sich zwar einschlägige Bestimmungen; sie helfen aber bei Unstimmigkeiten kaum weiter: „Der Gerichtsvollzieher ist Beamter im Sinne des Beamtenrechts" (§ 1 GVO). „Unmittelbarer Dienstvorgesetzter des Gerichtsvollziehers ist der aufsichtführende Richter des Amtsgerichts" (§ 2 Nr. 2 GVO). Für die Überwachung der Tätigkeit des Gerichtsvollziehers enthalten die §§ 96 ff. GVO besondere Vorschriften; gibt eine Geschäftsprüfung (§ 99 GVO) Anlaß zu Beanstandungen oder Bedenken, so trifft die Dienstbehörde (§ 2 Nr. 1 GVO) gem. § 101 GVO die erforderlichen Maßnahmen. Nicht geregelt ist aber in den Dienstvorschriften der GVO, welche Aufsichtsmaßnahmen im einzelnen zu treffen sind, insbesondere bleibt unklar, ob und inwieweit einzelne Vollstreckungshandlungen des Gerichtsvollziehers im Wege der Aufsicht gerügt und korrigiert, d. h. rückgängig gemacht werden können. Jedenfalls nicht übersichtlicher wird die Situation angesichts von § 58 GVGA: „Bei der ihm zugewiesenen Zwangsvollstreckung handelt der Gerichtsvollzieher selbständig. Er unterliegt hierbei zwar der Aufsicht, aber nicht der unmittelbaren Leitung des Gerichts. Er prüft die Voraussetzungen für die Zulässigkeit der Zwangsvollstreckung und der einzelnen Vollstreckungshandlungen selbständig ...". Noch verwirrender erscheint die

---

[4] Vgl. aus neuerer Zeit m. w. N. aus Rechtsprechung und Schrifttum etwa A. *Blomeyer*, Zur Lehre vom Pfändungspfandrecht, von Lübtow-Festschrift, 1970, S. 803; *Huber*, Die Versteigerung gepfändeter Sachen, 1970; *Messer*, Die freiwillige Leistung des Schuldners in der Zwangsvollstreckung, 1966; *Kern*, Reformgedanken über die Stellung und Aufgaben des Gerichtsvollziehers, ZZP 80, 325; *Säcker*, Der Streit um die Rechtsnatur des Pfändungspfandrechts, JZ 1971, 156; *Stein-Jonas-Schönke*, Kommentar zur Zivilprozeßordnung, begr. von Gaupp, bearb. seit 1953 von Pohle, fortg. seit 1967 von *Grunsky-Leipold-Münzberg-Schlosser-Schumann*, Tübingen, 19. Aufl., 1964 ff § 753 Anm. I, II.

Rechtslage, wenn man daran denkt, daß das Handeln des Gerichtsvollziehers auch dem allgemeinen Beamtenrecht untersteht und daß sein Verhalten mit prozessualen Rechtsbehelfen (§§ 766, 793 ZPO) gerügt werden kann.

II. Meinungsstand

Greift man zur Klärung der aufgeworfenen Fragen zur Fachliteratur, stößt man auch hier alsbald auf die doppelte Aufsicht gegenüber dem Gerichtsvollzieher, der er einmal als Vollstreckungsorgan und zum anderen als Beamter unterliegt. Ein näheres Eindringen in die Problematik führt zu dem auch heute noch grundlegenden Werk von Sattelmacher-Lentz[5], dessen nicht immer erreichbare Ausführungen hier wegen ihrer fortwirkenden wesentlichen Bedeutung im Auszug wiedergegeben werden:

„Der Gerichtsvollzieher ist nach dem Gesetze öffentlicher Beamter und genießt als solcher die Rechte, die das Gesetz dem Träger eines öffentlichen Amtes allgemein gewährt und die im besonderen mit dem Amte des Gerichtsvollziehers verbunden sind. Diesen Rechten stehen die Pflichten gegenüber, die allgemein jedem Beamten, als Diener der Volksgesamtheit, obliegen, und die besonderen Pflichten, die gerade dem Gerichtsvollzieher aus der Führung seines Amtes erwachsen und die im einzelnen in den für die Gerichtsvollzieher erlassenen Dienstvorschriften zusammengefaßt sind. Als Glied des Beamtenkörpers desjenigen Amtsgerichts, bei dem er angestellt oder beschäftigt wird, untersteht der Gerichtsvollzieher der Dienstaufsicht des aufsichtführenden Amtsrichters und derjenigen Dienststellen, die diesen übergeordnet sind (Landgerichtspräsident, Oberlandesgerichtspräsident, Justizminister — §§ 78 ff. AGGVG und § 32 GVO)[6]. Bei Amtsgerichten mit mehr als 15 Richtern kann für die Gerichtsvollzieher ein besonderer Aufsichtsrichter bestellt werden, auch kann die Justizverwaltung die allgemeine Dienstaufsicht dem Präsidenten des dem Amtsgericht übergeordneten Landgerichts übertragen (§ 22 GVG, § 78 AGGVG). Das Recht der Dienstaufsicht umfaßt das Rügerecht, das Recht zur Verhängung von Zwangsstrafen und die Disziplinargewalt.

Das Rügerecht gibt dem Inhaber der Dienstaufsicht die Befugnis, zur Abstellung von Mißständen und Ordnungswidrigkeiten im Dienstbetriebe dem Gerichtsvollzieher wegen einer Unterlassung oder einer nicht zu billigenden Maßnahme Vorstellungen zu machen, ihn zur rechtzeitigen oder sachgemäßen Ausführung einer Dienstverrichtung zu ermahnen oder ein bestimmtes ordnungswidriges Verhalten zu rügen. Derartige Zurechtweisungen tragen nicht den Charakter einer Dienststrafe, sondern nur einer Kritik des Dienstvorgesetzten an dem dienstlichen Verhalten des seiner Dienstaufsicht unterstellten Gerichtsvollziehers. Die Ermahnung zur Vornahme eines Dienstgeschäfts kann durch die Androhung einer Ordnungsstrafe für den Fall der Unterlassung einer dem Gerichtsvollzieher obliegenden Diensthandlung inner-

---

[5] *Sattelmacher-Lentz*, Das Gerichtsvollzieherwesen in Preußen, 1930, S. 2 ff.

[6] Vgl. auch *Sattelmacher-Lentz*, Anm. zu §§ 32, 45, 66 GVO a. F., S. 41 f., 75, 121.

II. Meinungsstand

halb einer ihm zu setzenden bestimmten Frist verschärft werden... Auch diese Maßnahmen der Dienstaufsicht haben nicht die Bedeutung einer Dienststrafe, sie sollen nicht begangenes Unrecht sühnen, sondern dienen nur dem Beugezwang. Ihnen gegenüber steht dem Gerichtsvollzieher ebenso wie gegen Zurechtweisungen der Rechtsbehelf der Dienstaufsichtsbeschwerde zu.

Maßnahmen im Dienstaufsichtswege können von Amts wegen getroffen werden, wenn der Dienstvorgesetzte von Ordnungswidrigkeiten oder Verletzungen der Dienstpflicht aus Anlaß einer Geschäftsrevision Kenntnis erhält, oder auf eine gegen den Gerichtsvollzieher erhobene Dienstaufsichtsbeschwerde, die den Auftraggebern und den durch das Verhalten des Gerichtsvollziehers betroffenen Personen, ggf. neben anderen Rechtsbehelfen — z. B. der Erinnerung nach § 766 ZPO —, offensteht."

Zu beachten ist in diesem Zusammenhang ferner § 66 Nr. 5 S. 4 GVO a. F.[7]:

„Hat eine Geschäftsprüfung zu Beanstandungen geführt oder sonst zu Bedenken hinsichtlich der Geschäftsführung eines Gerichtsvollziehers Anlaß gegeben, so hat der aufsichtführende Amtsrichter das Erforderliche zu veranlassen."

Weiter heißt es dann bei Sattelmacher-Lentz:

„Das Eingreifen der Dienstaufsicht ist aber in jedem Falle auf die oben kurz umrissenen Möglichkeiten der Rüge, des Zwanges zur Erledigung eines unterlassenen Dienstgeschäftes und der Verhängung einer Dienststrafe beschränkt. Darüber hinaus ist der Dienstvorgesetzte nicht befugt, dem Gerichtsvollzieher im Dienstaufsichtswege bestimmte Anweisungen sachlicher Art für die Ausführung eines Dienstgeschäftes zu erteilen. Der Gerichtsvollzieher ist ein selbständiges Organ der Rechtspflege, dem bestimmte Aufgaben der Staatsgewalt unter eigener Verantwortung anvertraut sind; er unterliegt zwar der Kontrolle, aber nicht der Leitung durch die ihm vorgesetzten Dienststellen. Diese Selbständigkeit des Gerichtsvollziehers tritt besonders scharf hervor auf dem wichtigsten Gebiete seiner Amtstätigkeit, dem der Zwangsvollstreckung, und gewinnt hier auch besondere Bedeutung. Dem Gerichtsvollzieher liegt es ob, unter eigener Verantwortung zu prüfen, ob die gesetzlichen Voraussetzungen für den Beginn der Zwangsvollstreckung erfüllt sind, und auch die Art der Ausführung des Vollstreckungsauftrages unterliegt zunächst ausschließlich seinem eigenen pflichtgemäßen Ermessen; er ist dabei nur an die für ihn maßgebenden Bestimmungen der Gesetze und der Geschäftsanweisung gebunden und von jeder richterlichen Einwirkung oder Leitung befreit. Das Vollstreckungsgericht ist nicht berufen, den Gerichtsvollzieher von vornherein für die Durchführung eines Vollstreckungsauftrages mit Weisungen zu versehen, es kann vielmehr nur nachträglich auf Antrag eines am Verfahren beteiligten oder durch das Verfahren betroffenen Dritten in einem der in § 766 ZPO genannten Fälle abändernd und berichtigend eingreifen. Das ist der Fall, wenn der Gerichtsvollzieher sich weigert, einen Vollstreckungsauftrag zu übernehmen oder eine Vollstreckungshandlung dem Auftrag gemäß vorzunehmen, z. B. bei verzögerlicher Behandlung eines Auftrags (§ 766 II ZPO); ferner dann, wenn die Art und Weise der Zwangsvollstreckung oder das von dem Gerichtsvollzieher dabei zu beobachtende Verfahren als dem Gesetze oder den Dienstvorschriften nicht ent-

---

[7] Abgedruckt bei *Sattelmacher-Lentz*, S. 75.

sprechend beanstandet wird (§ 766 I ZPO). — Dazu gehört auch die Bemängelung der sachlichen oder örtlichen Zuständigkeit des Gerichtsvollziehers oder die Geltendmachung von Gründen, die ihn von der Ausübung des Amtes ausschließen —; endlich entscheidet das Vollstreckungsgericht auch über Erinnerungen gegen den Ansatz von Kosten durch Gerichtsvollzieher. In allen diesen Fällen kann das Vollstreckungsgericht die Unzulässigkeit einer bestimmten Vollstreckungsmaßnahme aussprechen oder den Gerichtsvollzieher zu bestimmten Maßnahmen anweisen."

Bereits früher hieß es hierzu in § 45 Nr. 3 GVO a. F.[8]:

„Der Gerichtsvollzieher hat bei der ihm zugewiesenen Zwangsvollstreckung eine selbständige Tätigkeit zu entwickeln, wobei er zwar der Aufsicht, nicht aber der unmittelbaren Leitung des Gerichts unterliegt."

Es läßt sich also zwanglos feststellen, daß die aufsichtsrechtlichen Bestimmungen der heute geltenden GVO und GVGA inhaltlich keine Änderungen gegenüber dem früheren Rechtszustand gebracht haben, mögen die Formulierungen auch voneinander abweichen.

Die höchstrichterliche Rechtsprechung hat sich, soweit in wenigen Fällen einschlägige Entscheidungen zu fällen waren, den Ausführungen von Sattelmacher-Lentz angeschlossen[9]. Auch die Literatur beruht unausgesprochen oder sogar ausdrücklich darauf, gelangt jedenfalls, wenn man von den geänderten Fassungen der beamten- und dienstrechtlichen Vorschriften absieht, im wesentlichen nicht über den damaligen Diskussionsstand hinaus[10]. Teilweise nimmt man auch in neueren Abhandlungen[11] nicht einmal zur Kenntnis, daß frühere landesrechtliche Regelungen, nach denen ein Dienstvorgesetzter die Erledigung eines Amtsgeschäfts durch Ordnungsstrafen erzwingen konnte, für Gerichtsvoll-

---

[8] Abgedruckt bei *Sattelmacher-Lentz*, S. 121.
[9] RGZ 140, 423 (429); 145, 204 (213) = RG JW 1935, 507 = DGVZ 1935, 107.
[10] Vgl. etwa *Baumbach-Lauterbach*, Zivilprozeßordnung, 30. Aufl., 1970, § 154 GVG Vorbem. 2 B, § 166 ZPO Anm. 1 A; *Bernhardt*, Das Zivilprozeßrecht, 3. Aufl., 1968, § 10 III, S. 79; *K. Blomeyer*, Zwangsvollstreckung, 2. Aufl., 1956, § 4 III 8, S. 13; *De Boor-Erkel*, Zwangsvollstreckung, Konkurs und Vergleich, 2. Aufl., 1962, S. 20; *Bruns*, Zwangsvollstreckungsrecht, 1963, § 12 II 1 b, S. 49; *Burkhardt*, Handbuch für den Gerichtsvollzieher, Stand: Dezember 1971, § 2 GVO Anm. 2, 3; §§ 57—60 GVGA Anm. 4; *Jansen*, Freiwillige Gerichtsbarkeit, 2. Aufl., Bd. 1, 1969, § 1 Rdnr. 123; *Kern*, Gerichtsverfassungsrecht, 4. Aufl., 1965, § 25 B III, S. 179; *Lent-Jauernig*, Zwangsvollstreckungs- und Konkursrecht, 12. Aufl., 1972, § 8 II 3, S. 30; *Nikisch*, Zivilprozeßrecht, 2. Aufl., 1952, § 19 III 1, S. 80; *Noack*, Die Vollstreckungspraxis, 5. Aufl., 1970, S. 51 f., 58 f.; *Rosenberg-Schwab*, Lehrbuch des deutschen Zivilprozeßrechts, 10. Aufl., 1969, § 27 III 2, S. 110; *Schönke-Kuchinke*, Zivilprozeßrecht, 9. Aufl., 1969, § 17, S. 78; *Schönke-Schröder-Niese*, Lehrbuch des Zivilprozeßrechts, 8. Aufl., 1956, § 20, S. 111 f.; *Stein-Jonas-Münzberg*, § 753 Anm. I; *Sydow-Busch-Krantz-Triebel*, Zivilprozeßordnung und Gerichtsverfassungsgesetz, 22. Aufl., 1941, § 753 Anm. 2; *Thomas-Putzo*, Zivilprozeßordnung, 6. Aufl., 1972, § 753 Anm. 1; *Seuffert-Walsmann*, Kommentar zur Zivilprozeßordnung, 12. Aufl., 1933, § 753 Anm. 1; *Wieczorek*, Zivilprozeßordnung, 1958, § 753 Anm. A I a, § 154 GVG Anm. C II b 1; *Zöller*, Zivilprozeßordnung, 10. Aufl., 1968, § 154 GVG Anm. 1.
[11] s. etwa *K. Blomeyer*, § 4 III 8, S. 13; *Burkhardt*, § 2 GVO Anm. 2 b.

II. Meinungsstand

zieher bereits durch die Verordnung zur einheitlichen Regelung der Gerichtsverfassung vom 30. 3. 1935[12] jede Bedeutung verloren haben[13]. Andererseits gibt es allerdings auch Versuche, die aufgeworfenen Fragen nach der Selbständigkeit des Gerichtsvollziehers gegenüber der Justizverwaltung und deren Verhältnis zu den prozessualen Rechtsbehelfen vor allem im Hinblick auf Einzelprobleme zu vertiefen[14]. Dabei heißt es gelegentlich sogar ausdrücklich, daß der Gerichtsvollzieher keinen Einzelanweisungen des Vollstreckungsgerichts und der Justizverwaltung unterliege, und daß die Dienstaufsicht sich nur auf den förmlichen Geschäftsgang, nicht auf den materiellen Gang erstrecke[15]. Eine überzeugende, normativ abgesicherte Begründung ist soweit ersichtlich aber bislang noch nicht gefunden. Das zwingt dazu, zunächst die einschlägigen Rechtsgrundlagen zur Verantwortlichkeit des Gerichtsvollziehers aufzusuchen und ihre Beziehung zueinander zu bestimmen.

---

[12] RGBl. I, 403.
[13] *Bauer/Schröder-Kay*, Die Zwangsvollstreckung im allgemeinen, 1939, S. 148 f. unter Hinw. auf die AV des RJM v. 11. 6. 38, DJ S. 924; s. auch § 1 Abs. 1 des 1. RBerG Berlin, Sammlung des in Berlin geltenden preussischen Rechts, 1806—1945, GVBl. für Berlin, Sonderband I, 1966, S. 15, 97.
[14] Vgl. etwa *Köhler*, Ist der Gerichtsvollzieher weisungsbedürftig?, Der Gerichtsvollzieher, März 1972, 2; *Noack*, Mängel der Zwangsvollstreckung und Erinnerung, DGVZ 1971, 49; ders., Dienstaufsicht und Amtstätigkeit des Gerichtsvollziehers, DGVZ 1970, 65; *Rieken*, Zweck, Umfang und Grenzen der Geschäftsprüfungen bei Gerichtsvollziehern, JVBl. 1964, 134; *Sebode*, Fragen zur Geschäftsprüfung nach der GVO, DGVZ 1964, 17; *Schüler*, Die eigenverantwortliche Stellung des Gerichtsvollziehers als selbständiges Vollstreckungsorgan und seine Pflicht zur Unparteilichkeit, DGVZ 1970, 145; ders., Die Stellung des Gerichtsvollziehers in unserer Zeit, Der Gerichtsvollzieher, November 1971, 4.
[15] *Zöller*, § 753 Anm. 1 b, c; § 766 Anm. 11; s. auch *Stein-Jonas-Münzberg*, § 766 Anm. IV 1; *Wieczorek*, § 154 GVG Anm. C II b 1. Vgl. ferner *Köhler*, Der Gerichtsvollzieher, März 1972, 2; *Sebode*, DGVZ 1964, 17.

III. Rechtsgrundlagen

Auszugehen ist davon, daß der Gerichtsvollzieher einmal Beamter ist und daß seine Tätigkeit als Vollstreckungsorgan zum anderen mit prozessualen Rechtsbehelfen angegriffen werden kann. Das ist an und für sich nichts besonderes. Auch im Bereich der allgemeinen Verwaltung ist dies der Regelfall, wobei hier eine prozessuale Klärung vor den Verwaltungsgerichten nach der Verwaltungsgerichtsordnung erfolgt. Im Rahmen der Zivilgerichtsbarkeit unterstehen Richter, Rechtspfleger und Urkundsbeamte der Geschäftsstelle einer Dienstaufsicht, außerdem besteht die Möglichkeit einer prozessualen Anfechtung ihrer Maßnahmen und Entscheidungen. Eine besondere Eigenart der Stellung des Gerichtsvollziehers im Vergleich zu anderen Beamten ist aber angesprochen, wenn dessen Selbständigkeit und Eigenverantwortlichkeit vor allem in seiner Eigenschaft als Vollstreckungsorgan hervorgehoben wird. Das erinnert an die Unabhängigkeit des Richters, an die Selbständigkeit des Rechtspflegers und an bestimmte eigenverantwortliche Funktionen des Urkundsbeamten der Geschäftsstelle[16].

1. Organisations- und beamtenrechtliche Normen

Die Dienst- und Geschäftsverhältnisse der Gerichtsvollzieher werden gem. § 154 GVG bei den Landesgerichten durch die Landesjustizverwaltung bestimmt[17,18]. Auf Grund dieser Ermächtigung haben die Lan-

---

[16] Eine Vergleichbarkeit mit diesen Organen der Gerichtsbarkeit scheidet jedoch aus: Der Richter ist nach Art. 97 Abs. 1 GG, § 25 DRiG unabhängig und nur dem Gesetz unterworfen. Der Rechtspfleger ist nach den §§ 9 RPflG, 37 S. 3 BRRG, 21 S. 2 LBG Berlin (vgl. auch die §§ 68 BWLBG; 64 BayBG, 56 BreBG, 58 HmbBG, 70 HBG, 63 NBG, 58 NWLBG, 65 RPLBG, 68 SBG, 67 SHLBG) selbständig und nur dem Gesetz unterworfen. Die Stellung des Urkundsbeamten der Geschäftsstelle ist eher noch ungeklärter als die des Gerichtsvollziehers (vgl. u. a. *Eickmann-Riedel*, Kommentar zum Rechtspflegergesetz, 1970, § 9 Rdnr. 5; *Kern*, § 23, S. 172; *Rosenberg-Schwab*, § 26 S. 106). Soweit der Notar als Gebührenbeamter tätig ist, weist seine Position so viele Besonderheiten auf, daß ebenfalls eine Vergleichsgrundlage entfällt (vgl. mit Nachw. *Baur*, Freiwillige Gerichtsbarkeit, 1955, S. 78 f.; *Jansen*, Freiwillige Gerichtsbarkeit, 2. Aufl., Bd. 3, 1971, BeurkG Einl. Rdnr. 19; *Pikart-Henn*, Lehrbuch der freiwilligen Gerichtsbarkeit, 1963, S. 53 f.; *Seybold-Hornig*, Bundesnotarordnung, 4. Aufl., 1962, § 3 Anm. 14 f.).

[17] Der im wesentlichen gleichlautende § 73 pr.AGGVG (GS 1878, 230) ist für Berlin aufgehoben durch § 1 Abs. 1 des 1. RBerG Berlin (Fn. 13), wenn er nicht bereits früher seine Gültigkeit verloren hatte (dazu *Wieczorek*, Bd. V,

1. Organisations- und beamtenrechtliche Normen

desjustizverwaltungen die im wesentlichen bundeseinheitliche GVO erlassen[19]. Nach deren § 1 ist der Gerichtsvollzieher Beamter im Sinne des Beamtenrechts[20]. Als Landesbeamter (§§ 1, 2 LBG Berlin)[21] unterliegt er dem Grundsatz nach der beamtenrechtlichen Gebundenheit in zweifacher Hinsicht. Einmal ist jeder Beamte verpflichtet, die von seinen Vorgesetzten erlassenen Anordnungen auszuführen und deren allgemeine Richtlinien zu befolgen, sofern es sich nicht um Fälle handelt, in denen er nach besonderer gesetzlicher Vorschrift an Weisungen nicht gebunden und nur dem Gesetz unterworfen ist (§§ 37 S. 2 BRRG, 21 S. 2 LBG Berlin)[22]. Vorgesetzter ist in diesem Sinne, wer einem Beamten für seine dienstliche Tätigkeit Anordnungen erteilen kann (§ 5 Abs. 2 LBG Berlin)[23],[24]. Zum anderen untersteht jeder Beamte der Dienstaufsicht seines Dienstvorgesetzten[25]. Das ist derjenige, der ohne oberste Dienstbehörde oder Dienstbehörde zu sein, für beamtenrechtliche Entscheidungen zuständig ist; wer Dienstvorgesetzter ist, bestimmt im Bereich der

---

S. 429); soweit § 12 der Verordnung zur einheitlichen Regelung der Gerichtsverfassung vom 20. 3. 1935 (RGBl. I, 403) an seine Stelle trat, ist er durch die §§ 153, 154 GVG als überholt anzusehen (vgl. BGBl. III 300 — 5 Fn. zu § 12); s. ferner *Löwe-Rosenberg*, Die Strafprozeßordnung und das Gerichtsverfassungsgesetz, 2. Bd., 1965, Anh. C, Anm. 1 zu § 12 der VO S. 967.

[18] Vgl. auch das Gesetz über Rechtsverordnungen im Bereich der Gerichtsbarkeit vom 1. 7. 1960 (BGBl. I, 481), wonach zum Erlaß solcher Verordnungen die Landesregierungen ermächtigt sind, diese aber die Ermächtigungen auf oberste Landesbehörden übertragen können, und dazu BayVerfGH DRpfl. 1961, 285; ferner z. B. die Berliner VO zur Übertragung von Ermächtigungen auf dem Gebiet der ordentlichen Gerichtsbarkeit vom 4. 8. 1960 (GVBl. S. 823).

[19] Vgl. *Burkhardt*, § 1 GVO Anm. 1; *Piller-Herrmann*, Vorbem. zu Nr. 9 c; s. zu derartigen Akten im Rahmen der Organisationsgewalt mit Nachw., *Rasch*, Die staatliche Verwaltungsorganisation, 1967, insbes. S. 182 ff.; *Wolff*, Verwaltungsrecht II, 3. Aufl., 1970, § 78, S. 121.

[20] Vgl. auch die landesrechtlichen Laufbahngesetze, z. B. § 26 Abs. 5 Berliner LaufbahnG v. 1. 8. 1962 (GVBl. S. 953).

[21] Ähnlich die einleitenden Bestimmungen der anderen LBG. Beim Bundesgerichtshof gibt es keine Gerichtsvollzieher, sie sind also immer Landesbeamte (vgl. *Wieczorek*, § 154 Anm. A).

[22] Zu den entsprechenden Bestimmungen der anderen LBG s. Fn. 16.

[23] Vgl. auch §§ 4 BWLBG, 4 BayBG, 4 BreBG, 3 HmbBG, 4 HBG, 3 NBG, 3 NWLBG, 4 RPLBG, 4 SBG, 4 SHLBG.

[24] Ob das Beamtenrecht daneben noch einen sog. Weisungsberechtigten kennt, der, ohne Vorgesetzter zu sein, dem Beamten in Einzelfällen fachliche Weisungen erteilen kann, ist umstritten (vgl. *Fischbach*, Bundesbeamtengesetz, 3. Aufl., 1964, § 3 Anm. A V 2; *Plog-Wiedow*, Kommentar zum Bundesbeamtengesetz, Stand: August 1971, § 3 Rdnr. 22; *Wolff* II, § 109 II e 2, S. 423.

[25] Vgl. allgemein hierzu *Fischbach*, § 3 Anm. A V 2; *Wolff* II, § 77 II b 6, S. 99; s. zum Gerichtsvollzieher schon *Bauer/Schröder-Kay*, S. 148; ferner die Nachw. in Fn. 10, allerdings ohne konkreten Normenbezug; s. auch § 16 Abs. 1 der VO v. 20. 3. 1935 (RGBl. I, 403 = BGBl. III 300 — 5), wonach Dienstvorgesetzter ist, wer die Dienstaufsicht ausübt; ähnlich Art. 40 Abs. 1 BayAGGVG; keine entsprechenden Bestimmungen finden sich für Bremen, Niedersachsen und Hamburg (vgl. Fn. 29 und 30).

III. Rechtsgrundlagen

Hauptverwaltung von Berlin das zuständige Senatsmitglied, vorbehaltlich der Möglichkeit, diese Befugnis auf nachgeordnete Behörden zu übertragen (§ 5 Abs. 1 LBG Berlin)[26]. Der § 2 Nr. 2 GVO[27] bestimmt zum unmittelbaren Dienstvorgesetzten des Gerichtsvollziehers den aufsichtführenden Richter des Amtsgerichts. Im übrigen richtet sich die Dienstaufsicht im Bereich der Justizverwaltung noch nach den §§ 13 ff. der Verordnung zur einheitlichen Regelung der Gerichtsverfassung vom 20. 3. 1935[28], soweit die Länder nicht inzwischen abweichende Regelungen erlassen haben; das ist in Baden-Württemberg[29], Bayern, Bremen, Hamburg und Niedersachsen[30] der Fall[31]. Dabei kann es hier auf sich beruhen bleiben, ob und inwieweit die Bestimmungen dieser Verordnung als Bundes- oder als Landesrecht weiter gelten[32]. Nach § 16 Abs. 2 dieser Verordnung[33] liegt in der Dienstaufsicht die Befugnis, die ordnungswidrige Ausführung eines Amtsgeschäfts zu rügen und zu einer sachgemäßen Erledigung zu ermahnen. Ferner enthalten die §§ 96 ff. GVO besondere Bestimmungen für die Überwachung der Tätigkeit des Gerichtsvollziehers. Gibt die Geschäftsprüfung Anlaß zu Beanstandungen oder Bedenken hinsichtlich der Geschäftsführung, so trifft die Dienstbehörde gem. § 101 GVO die erforderlichen Maßnahmen. Dienstbehörde des Gerichtsvollziehers ist nach § 2 Nr. 1 GVO das Amtsgericht, bei dem er beschäftigt ist. Schließlich setzt sich der Gerichtsvollzieher als Beamter

---

[26] Vgl. weiter Fn. 23.
[27] Vgl. auch § 22 III GVG und § 4 der VO v. 20. 3. 35 (RGBl. I, 403 = BGBl. III 300—5) sowie dazu *Löwe-Rosenberg*, Anhang C, S. 964 ff.
[28] RGBl. I, 403 = BGBl. III 300—5; abgedr. bei *Baumbach-Lauterbach*, Anhang hinter § 21 GVG, Anm. II; *Zöller*, Einl. GVG, Anm. II 3 a.
[29] Hier gelten die §§ 13—16 der VO vom 20. 3. 1935 in leicht veränderter Form weiter; vgl. § 1 der VO des Justizministeriums vom 1. 7. 1953 nebst Anlage (GBl. BW S. 53 = SaBl. S. 919).
[30] Die genannten Länder haben in neuen Ausführungsgesetzen zum GVG auch eigene Vorschriften über die Justizverwaltung erlassen, die aber im wesentlichen den §§ 13 ff. der VO vom 20. 3. 1935 entsprechen. Vgl. BayAGGVG vom 17. 11. 1956 (GVBl. S. 249 = SaBl. S. 1216), Art. 37 ff.; BreAGGVG vom 11. 10. 1960 (GVBl. S. 123 = SaBl. S. 1710), §§ 23 ff.; NdsAGGVG v. 5. 4. 1963 (GVBl. S. 225 = SaBl. S. 485), §§ 10 ff.; HmbAGGVG v. 31. 5. 1965 (GVBl. S. 99 = SaBl. S. 856), §§ 22 ff.
[31] Zur Berliner Rechtsentwicklung insbesondere: An die Stelle der früher die Dienstaufsicht regelnden §§ 77—82 pr.AGGVG sind das GVG und die §§ 13 ff. der VO v. 20. 3. 1935 getreten, vgl. § 1 I des 1. RBerG Berlin (Fn. 13), S. 15, 97. Das VereinheitlichungsG v. 12. 9. 1950 (BGBl. 455) hatte die §§ 13 ff. der VO nicht aufgehoben (vgl. dazu *Löwe-Rosenberg*, Anh. C, S. 963); *Zöller*, Einl. GVG Anm. II 3 a.
[32] Dazu *Baumbach-Lauterbach*, Anh. zu § 21 GVG; *Löwe-Rosenberg*, Anh. C, S. 963; *Zöller*, Einl. GVG Anm. II 3 a.
[33] Gleichlautend die in BW verbindliche Fassung; ähnlich Art. 40 Abs. 2 Satz 1 BayAGGVG; entsprechende Vorschriften fehlen dagegen im BreAGGVG, im NdsAGGVG und im HmbAGGVG.

disziplinarrechtlichen Ahndungen aus, wenn er schuldhaft die ihm obliegenden Pflichten verletzt[34,35].

2. Prozessuale Normen

Das Vollstreckungsgericht entscheidet über Anträge, Einwendungen und Erinnerungen, welche das vom Gerichtsvollzieher bei der Zwangsvollstreckung zu beobachtende Verfahren betreffen; Entsprechendes gilt, wenn ein Gerichtsvollzieher sich weigert, einen Vollstreckungsauftrag zu übernehmen oder eine Vollstreckungshandlung dem Auftrag gemäß auszuführen, oder wenn wegen der von dem Gerichtsvollzieher in Ansatz gebrachten Kosten Erinnerungen erhoben werden (§ 766 ZPO). Gegen die Entscheidung des Vollstreckungsgerichts findet sofortige Beschwerde statt (§ 793 ZPO); unter den Voraussetzungen des § 568 ZPO ist ferner eine weitere sofortige Beschwerde möglich. Nach § 58 Nr. 1 GVGA handelt der Gerichtsvollzieher allerdings bei der ihm zugewiesenen Zwangsvollstreckung selbständig. Er unterliegt hierbei der Aufsicht, nicht der unmittelbaren Leitung des Gerichts. Insbesondere prüft er die Voraussetzungen für die Zulässigkeit der Zwangsvollstreckung und der einzelnen Vollstreckungshandlungen selbständig. Die GVGA soll dem Gerichtsvollzieher das Verständnis der gesetzlichen Vorschriften, die seine Dienstverrichtungen und das dabei zu beachtende Verfahren bestimmen, erleichtern. Sie erhebt keinen Anspruch auf Vollständigkeit und befreit den Gerichtsvollzieher nicht von der Verpflichtung, sich eine genaue Kenntnis der Bestimmungen aus dem Gesetz selbst anzuzeigen. Gleichwohl wird die Beachtung der Vorschriften dieser Geschäftsanweisung zur Amtspflicht des Gerichtsvollziehers erklärt (§ 1 GVGA).

Nach Darlegung der die Verantwortlichkeit des Gerichtsvollziehers regelnden Vorschriften ist nunmehr des näheren zu erwägen, welche Aufsichtsmaßnahmen im einzelnen gegenüber dem Gerichtsvollzieher möglich sind, welche Selbständigkeit ihm verbleibt und mit welchen Rechtsbehelfen er sich gegen Aufsichtsmaßnahmen zur Wehr setzen kann.

---

[34] Vgl. §§ 45 BRRG, 41 LBG Berlin, 88 BWLBG, 84 BayBG, 76 BreBG, 79 HmbBG, 90 HBG, 85 NBG, 83 NWLBG, 85 RPLBG, 90 SBG, 93 SHLBG und die Landesdisziplinarordnungen.

[35] Die Bestimmungen des Berliner Verwaltungsverfahrensgesetzes gelten nach dessen § 1 Abs. 4 lit. a grundsätzlich nicht im Bereich der hier angesprochenen Justizverwaltung.

IV. Stellungnahme

1. Vollstreckungsgerichtliche Maßnahmen

Zunächst soll eine Auswertung der verfahrensrechtlichen Bestimmungen erfolgen.

a) Inhalt der Maßnahmen

Gegenüber dem Verhalten des Gerichtsvollziehers als Vollstreckungsorgan ist die Erinnerung des § 766 ZPO zulässig, und zwar auch wegen seines Kostenansatzes oder seines Vorschusses, von dessen Zahlung er seine Amtshandlung abhängig macht[36]. Im Verfahren nach § 766 ZPO entscheidet das Vollstreckungsgericht (§ 764 Abs. 2 ZPO) nie von Amts wegen, sondern nur auf Rüge eines Erinnerungsberechtigten hin[37]. Hat das Vollstreckungsgericht über das Verfahren des Gerichtsvollziehers zu entscheiden, so handelt es sich nicht um eine Maßnahme der Dienstaufsicht[38], sondern um einen besonderen zivilprozessualen Rechtsbehelf[39]. Das Vollstreckungsgericht kann dem Gerichtsvollzieher also nicht im einzelnen Fall vorweg Anweisungen im Hinblick auf eine erst noch vorzunehmende Vollstreckungshandlung erteilen[40]. Die Erinnerung ist begründet, wenn der Gerichtsvollzieher die für ihn geltenden zivilprozessualen Vorschriften nicht beachtet hat. Es kommt hingegen insoweit nicht auf die Einhaltung der Dienstvorschriften[41], insbesondere nicht auf die Befolgung der GVGA an. Die Verletzung von Dienstvorschriften kann dienstaufsichtsrechtliche Maßnahmen auslösen[42]. Das Vollstrek-

---

[36] *Baumbach-Lauterbach*, § 766 Anm. 2 B, 5 A a; *Burkhardt*, §§ 57—60 GVGA Anm. 5; *Lauterbach*, Kostengesetze, 16. Aufl., 1971, § 5 GVKostG Anm. 3 b; *Stein-Jonas-Münzberg*, § 766 Anm. I 1; *Wieczorek*, § 766 Anm. B 3 a 2.

[37] *Schüler*, Der Gerichtsvollzieher, November 1971, 7; ders., DGVZ 1970, 147; *Sebode*, DGVZ 1964, 18; § 102 ZPO, nach dem u. a. Gerichtsvollzieher durch das Prozeßgericht auch von Amts wegen zur Tragung der Kosten verurteilt werden konnten, die sie durch grobes Verschulden veranlaßt haben, ist durch Art. 2 Ziff. 2 des Gesetzes v. 27. 11. 1964 (BGBl. S. 933) aufgehoben worden.

[38] So aber *Rosenberg*, Lehrbuch des deutschen Zivilprozeßrechts, 9. Aufl., 1961, § 26 II 2, S. 106; mißverständlich auch *Sebode*, DGVZ 1964, 18; *Stein-Jonas-Münzberg*, § 753 Anm. I.

[39] *Wieczorek*, § 753 Anm. A I a 1.

[40] AG Ahrensburg, SchlHA 1965, 19; *Kern*, § 25 III, S. 179; *Stein-Jonas-Münzberg*, § 753 Anm. I.

[41] So aber wohl *Stein-Jonas-Münzberg*, § 766 Anm. I 1.

[42] Dazu unten IV 2 a (1), b.

kungsgericht hat nach § 766 ZPO lediglich nach vollstreckungsrechtlichen Maßstäben zu urteilen[43]. Die GVGA ist nur eine Verwaltungsvorschrift der Justizverwaltung. Ihre Bestimmungen sind keine Rechtsnomen, die das Vollstreckungsgericht binden. Als interne Dienstanweisung können sie vielmehr nur für den Gerichtsvollzieher Bedeutung haben[44]. Ob z. B. ein gepfändetes Kraftfahrzeug im Gewahrsam des Schuldners zu belassen ist, hat das Vollstreckungsgericht allein nach § 808 Abs. 2 ZPO zu beurteilen, nicht aber nach § 157 GVGA[45]. Während dem Vollstreckungsgericht zwar keine generelle Weisungsbefugnis gegenüber dem Gerichtsvollzieher zukommt[46], kann es dem Gerichtsvollzieher aber auf eine Erinnerung hin Einzelanordnungen erteilen, insbesondere zu bestimmten Maßnahmen anweisen, z. B. einen bestimmten Vollstreckungsakt vorzunehmen oder aufzuheben[47]. Dagegen kann das Gericht nicht anstelle des Gerichtsvollziehers handeln, etwa selbst eine Pfändung vornehmen[48]. Auch darf es nicht in den eigenverantwortlichen Bereich des Gerichtsvollziehers eingreifen[49]. Damit wird die Frage nach dem Umfang der Prüfungskompetenz des Vollstreckungsgerichts aufgeworfen.

b) Ermessen des Gerichtsvollziehers

Die Vollstreckungsvorschriften der ZPO können dem Gerichtsvollzieher gebieten, in einer ganz bestimmten Weise zu verfahren. Dann besteht eine rechtliche Gebundenheit, deren Einhaltung durch den Gerichtsvollzieher vom Vollstreckungsgericht im Rahmen des § 766 ZPO voll zu überprüfen ist. Kommt es nicht zu einer Erinnerung, so bleibt es bei der Entscheidung des Gerichtsvollziehers. Möglich ist aber auch, daß dem Gerichtsvollzieher ein Handlungsspielraum eingeräumt ist, daß er also nach pflichtgemäßem Ermessen verfahren kann. Dann steht ihm beim Vorliegen bestimmter Voraussetzungen die Befugnis zu, aus meh-

---

[43] Vgl. auch *Wieczorek*, § 753 Anm. A I a 1.
[44] Vgl. *Burkhardt*, §§ 1, 2 GVO Anm. 1; § 1 GVGA Anm. 1; *Eberhardt*, Die Erteilung von Abschriften des gem. § 762 ZPO aufzunehmenden Protokolls durch Gerichtsvollzieher, DGVZ 1971, 17; *Noack*, DGVZ 1970, 65 mit Rspr-Nachw.; ders., Vollstreckungspraxis, S. 59; *Sattelmacher-Lentz*, S. 1 f.
[45] KG DGVZ 1963, 136.
[46] So aber Reformbestrebungen im Anschluß an den 1931 vom RJM veröffentlichten Entwurf einer ZPO, vgl. *Goldschmidt*, Zivilprozeßrecht, 2. Aufl., 1922, § 93, 4, S. 342; *Kern*, § 25 C, S. 179; s. auch *Sauerländer*, Der deutsche Gerichtsvollzieher, Judicium, 1, 88 (101 f.).
[47] *Noack*, Vollstreckungspraxis, S. 52, 59; *Schönke-Baur*, Zwangsvollstreckungs-, Konkurs- und Vergleichsrecht, 8. Aufl., 1969, § 41 III 4, S. 175; *Stein-Jonas-Münzberg*, § 766 Anm. III 5; *Wieczorek*, § 154 GVG Anm. C II b 1.
[48] *Burkhardt*, §§ 57—60 GVGA Anm. 6 b; *Rosenberg*, § 178 I 2, S. 925; *Schüler*, DGVZ 1970, 147; *Wieczorek*, § 753 ZPO Anm. A I a 1; § 154 GVG Anm. C II b 1; mißverständlich *Noack*, DGVZ 1971, 49.
[49] *Stein-Jonas-Münzberg*, § 766 Anm. III 5.

IV. Stellungnahme

reren inhaltlich verschiedenen, allesamt aber rechtmäßigen Verhaltensweisen *ein* bestimmtes Verhalten nach Zweckmäßigkeitsrücksichten auszuwählen. In einem solchen Fall erstreckt sich die gerichtliche Nachprüfung nur darauf, ob sich die Ermessensentscheidung des Gerichtsvollziehers im Rahmen des geltenden Rechts hält. Hier wird man die Grundsätze des § 114 VwGO entsprechend anzuwenden haben. Eine Ermessenkontrolle findet also nicht statt[50].

Ob für den Gerichtsvollzieher eine rechtliche Gebundenheit besteht, die nur *ein* Vorgehen als rechtmäßig kennt, oder ob im Rahmen einer Ermessensfreiheit mehrere Verhaltensweisen des Gerichtsvollziehers als rechtmäßig anzusehen sind, läßt sich nicht allgemein sagen. Das kann vielmehr nur eine sorgfältige Auslegung der jeweiligen vollstreckungsrechtlichen Normen ergeben.

Wenn der Gerichtsvollzieher z. B. nach § 758 Abs. 1 ZPO befugt ist, die Wohnung des Schuldners zu durchsuchen oder wenn er nach § 758 Abs. 3 ZPO bei Widerstand zur Anwendung von Gewalt befugt ist und zu diesem Zweck um die Unterstützung der Polizei nachsuchen kann, so wird ihm damit eine nach Ermessensgrundsätzen auszufüllende, selbständige Handlungsfreiheit eingeräumt. Ob der Gerichtsvollzieher bei dem ersten Vollstreckungsversuch sofort einen Schlosser und Zeugen zur Wohnungsöffnung und -durchsuchung zuzieht, ist seinem pflichtgemäßen Ermessen überlassen[51]. Im Verfahren nach § 766 ZPO kann also lediglich überprüft werden, ob die gesetzlichen Grenzen des Ermessens eingehalten sind, ob der Gerichtsvollzieher also z. B. überhaupt eine Abwägung des Für und Wider vorgenommen hat. — Für eine Ermessensermächtigung zugunsten des Gerichtsvollziehers spricht auch etwa die Fassung von § 765 a Abs. 2 ZPO[52]. Vielfach heißt es auch, der Gerichtsvollzieher habe gem. § 808 Abs. 2 ZPO nach seinem Ermessen darüber zu entscheiden, ob Sachen im Gewahrsam des Schuldners zu belassen sind, weil hierdurch die Befriedigung des Gläubigers nicht gefährdet werde[53]. Hier liegt aber keine Ermessensfreiheit des Gerichtsvollziehers in dem Sinne vor, daß ihm ein vom Vollstreckungsgericht nicht überprüfbarer Handlungsspielraum gewährt werde, vielmehr ist eine rechtliche Gebundenheit im Sinne nur *einer* richtigen, der Gerichtskontrolle

---

[50] Vgl. *Dütz*, S. 214 f.

[51] AG Neukölln, DGVZ 1971, 139; *Noack*, DGVZ 1970, 65; *Stein-Jonas-Münzberg*, § 758 Anm. III; zur Verfassungsmäßigkeit von § 758 ZPO vgl. *Schönke-Baur*, § 4 I 2 c, S. 20.

[52] So auch *Noack*, DGVZ 1970, 69; a. A. wohl *Thomas-Putzo*, § 765 a Anm. 1.

[53] OLG Hamburg, DGVZ 1967, 185; *Kabisch*, Einige Hinweise zu der in § 808 Abs. 2 ZPO aufgeworfenen Frage der Belassung gepfändeter beweglicher Habe im Gewahrsam des Schuldners, DGVZ 1967, 1 (2); *Noack*, DGVZ 1970, 66; ders., DGVZ 1971, 50; *Wieczorek*, § 808 Anm. C I b 2; vgl. auch *Sebode*, DGVZ 1964, 18.

voll unterliegenden Entscheidung gegeben. Zwar enthält der Begriff einer Gefährdung der Befriedigung des Gläubigers eine gewisse Wertungsbreite. Aber das ist bei derartigen sog. unbestimmten Rechtsbegriffen immer der Fall und spricht nicht gegen eine richterliche Nachprüfbarkeit[54]. Richtig ist allerdings, daß der Gerichtsvollzieher zunächst einmal selbständig zu prüfen hat, ob eine solche Gläubigergefährdung vorliegt[55], und daß es bei dieser Rechtsentscheidung des Gerichtsvollziehers verbleibt, wenn keine Erinnerung nach § 766 ZPO eingelegt wird.

c) Rechtsmittel des Gerichtsvollziehers

Der über eine Erinnerung ergehende Beschluß des Vollstreckungsgerichts unterliegt der sofortigen Beschwerde gemäß § 793 ZPO. Soweit über ein Vorgehen des Gerichtsvollziehers befunden wird, fragt es sich, ob auch ihm eine Beschwerdebefugnis gegeben ist. Grundsätzlich gibt man außer dem Gläubiger und dem Schuldner auch Dritten ein Beschwerderecht, wenn sie betroffen sind. Dem Gerichtsvollzieher wird aber seit jeher einmütig die Beschwerde versagt, soweit es um die Hauptsache des Erinnerungsverfahrens, also um die an den Gerichtsvollzieher gerichtete Anordnung des Vollstreckungsgerichts als solche geht. Ihm wird ein Beschwerderecht nur zugestanden, soweit er persönlich wegen seiner Gebühren usw. interessiert ist; dabei ist gem. § 567 Abs. 2 ZPO von einem Beschwerdewert von 50,— DM auszugehen, ferner scheidet gem. § 568 Abs. 3 ZPO in Kostensachen eine weitere Beschwerde aus[56]. Diese Ansicht geht allerdings davon aus, daß der Gerichtsvollzieher durch eine Herabsetzung von Gebühren und Auslagen betroffen wird. Nach dem Gesetz über Kosten der Gerichtsvollzieher vom 26. 7. 1957 werden die Kosten aber für die Landeskasse erhoben[57]. Nicht der Gerichtsvollzieher, sondern die Staatskasse ist also Gläubiger der Kosten[58]. Gleichwohl steht dem Gerichtsvollzieher gegen einen Beschluß des Vollstreckungsgerichts nach § 766 ZPO wegen der Kosten ebenso die Beschwerde zu wie in den noch zu erörternden Fällen der §§ 5, 9 und 11 GVKostG[59].

---

[54] Vgl. *Dütz*, S. 219 ff.
[55] Vgl. *Kabisch*, DGVZ 1967, 1; *Noack*, DGVZ 1971, 51; *Schönke-Baur*, § 26 III 2 b, bb, S. 117.
[56] s. unten zu V 2 a (1).
[57] Vgl. GVKostGr Nr. 1 Abs. 1.
[58] *Lauterbach*, vor § 1 GVKostG Anm. 3 B; *Sebode*, DGVZ 1964, 19.
[59] s. unten V 2 a.

IV. Stellungnahme

2. Organisations- und beamtenrechtliche Maßnahmen

Es fragt sich weiter, welchen Anordnungen der Gerichtsvollzieher nach dienstrechtlichen Bestimmungen unterliegt und wie sich solche Möglichkeiten einmal zueinander und zum anderen zu den vollstreckungsgerichtlichen Maßnahmen nach § 766 ZPO verhalten.

a) Dienstaufsichtsmaßnahmen

(1) Inhalt der Maßnahmen

Der Gerichtsvollzieher untersteht der Dienstaufsicht des aufsichtführenden Richters des Amtsgerichts, bei dem er beschäftigt ist, und derjenigen Stellen, die diesem übergeordnet sind[60]. Von ausschlaggebender Bedeutung für die Amtstätigkeit des Gerichtsvollziehers ist die Frage, ob diese Dienstaufsicht nur die Befugnis zu allgemeinen Aufsichtsmaßnahmen enthält oder ob sie darüber hinaus berechtigt, dem Gerichtsvollzieher zur Vornahme einer bestimmten Vollstreckungshandlung konkrete Einzelanweisungen zu erteilen, sei es im Wege einer Vorausanweisung, sei es nach Art einer nachträglichen Korrekturanordnung, z. B. durch den Befehl, einen bestimmten Vollstreckungsakt vorzunehmen oder aufzuheben.

Die Dienstaufsicht[61] erstreckt sich nach allgemeinen Organisations- und Verwaltungsgrundsätzen zunächst auf die innere Ordnung und die allgemeine Geschäftsführung. Es macht dabei keinen Unterschied, ob es sich um die Aufsicht gegenüber nachgeordneten Behörden oder um die Aufsicht innerhalb einer Behörde handelt[62]. Deswegen kann das genaue organisatorische Verhältnis zwischen dem Gerichtsvollzieher und den aufsichtführenden Stellen hier dahingestellt bleiben. Auch das Aufstellen von Geschäfts- oder Dienstordnungen fällt in den Bereich der Dienstaufsicht[63]. Demgemäß kann zur Erleichterung des Geschäftsbetriebs die Verwendung bestimmter Vordrucke angeordnet werden; das haben sogar Richter und Rechtspfleger hinzunehmen[64]. Die Dienstaufsicht erstreckt sich insbesondere auf eine Überwachung des gesamten

---

[60] § 22 Abs. 3 GVG, §§ 4, 14, 16 der VO v. 20. 3. 1935 (vgl. Fn. 29, 30; zu § 14 der VO v. 20. 3. 1935 s. die ähnlichen Vorschriften in Art. 38 BayAGGVG, § 24 BreAGGVG, § 10 NdsAGGVG, § 23 HmbAGGVG, zu § 16 vgl. Fn. 25, 33), §§ 2, 96 ff. GVO; s. oben zu III 1.

[61] Vgl. zu den folgenden Ausführungen insbes. *Rasch*, Verwaltungsorganisation, S. 203 ff.

[62] *Wolff* II, § 77 II b 4, S. 99.

[63] *Schunck-De Clerck*, Verwaltungsgerichtsordnung, 2. Aufl., 1967, § 38 Anm. 1 c.

[64] *Eickmann-Riedel*, § 9 Rdnr. 6 t; *Schmidt-Räntsch*, Deutsches Richtergesetz, 1962, § 26 Rdnr. 23.

2. Organisations- und beamtenrechtliche Maßnahmen

Geschäftsgangs, richtet sich also darauf, ob sämtliche Angelegenheiten nach den erlassenen Dienstvorschriften ordnungsgemäß erledigt werden und keine Rückstände entstehen[65]. Teilweise beschränkt man die Bezeichnung „Dienstaufsicht" auf eine Aufsicht über das Personalwesen und spricht im übrigen von allgemeiner „Organ- bzw. Amtsaufsicht"[66]. Hier wird jedoch in Übereinstimmung mit der Praxis und den einschlägigen Regelungen von dem weiteren Verständnis der Dienstaufsicht ausgegangen, die auch das Personalwesen umfaßt bis hin zu der Befugnis, Disziplinarmaßnahmen zu ergreifen.

Damit bezieht sich die Dienstaufsicht immer nur auf das, was mit dem konkreten Inhalt der einzelnen Amtshandlung nichts zu tun hat[67]. Allenfalls kann die Art und Weise der Durchführung eines Amtsgeschäfts dem Dienstvorgesetzten Anlaß geben, im Wege der Dienstaufsicht einzuschreiten. Auch wenn dienstaufsichtsrechtliche Maßnahmen anläßlich eines Einzelfalls getroffen werden, dürfen sie nur die äußere Form der Geschäftserledigung ansprechen, etwa die Pünktlichkeit des Beginns terminierter Amtsgeschäfte, nicht aber den Inhalt der Amtshandlung des Gerichtsvollziehers betreffen, z. B. nicht eine Anweisung zur Vornahme einer bestimmten Pfändung enthalten. Allenfalls grobe Fehler und eindeutige Nachlässigkeiten, die möglicherweise auch auf den Inhalt des Amtsgeschäfts einwirken, können als Gegenstand einer Dienstaufsicht in Betracht kommen, z. B. die Nichtbeachtung selbstverständlicher und völlig eindeutiger Vorschriften der ZPO[68]. Nicht hierhin gehört aber die Entscheidung umstrittener, zweifelhafter Rechtsfragen durch den Gerichtsvollzieher, die der Dienstaufsichtführende anders beurteilt. Allerdings wird sich der Gerichtsvollzieher in solchen Fällen in der Regel an den Vorschriften der GVGA zu orientieren haben[69]. Selbst eine Rüge offensichtlicher Unrichtigkeiten kann nicht zu einer korrigierenden Beanstandung der einzelnen Amtshandlung führen, weil das einen der Dienstaufsicht gegenüber dem Gerichtsvollzieher fremden Eingriff in die konkrete Amtshandlung nach Art einer nicht gegebenen, umfassenden sachlichen Weisungsbefugnis[70] zur Folge hätte. Erlaubt sind nur Vorhaltungen für die künftige Amtsführung ohne Bezugnahme auf eine noch ausstehende konkrete Amtshandlung. Sie können allerdings ggf. auch den Grad einer scharfen Mißbilligung erreichen.

---

[65] Vgl. *Kern*, § 3 III 2 a ß, S. 14.
[66] So *Wolff* II, § 77 II b 6, S. 99; vgl. auch *Rasch*, Organisationsrechtliche Probleme der Verwaltungsgerichtsbarkeit, VerwA 1969, 1 (3).
[67] *Rasch*, Verwaltungsorganisation, S. 204.
[68] Vgl. *Löwe-Rosenberg*, § 1 GVG Anm. 6a, die insoweit sogar eine Dienstaufsicht gegenüber unabhängigen Richtern für möglich halten; s. aber auch mit Nachw. *Baumbach-Lauterbach*, § 26 DRG Anm. 2 B.
[69] s. unten IV 2 b.
[70] s. unten IV 2 b.

IV. Stellungnahme

Welche Befugnisse der Dienstaufsicht im einzelnen zu Gebote stehen, ist nur teilweise geregelt[71]. Auch hier haben sich jedoch allgemeine Grundsätze herausgebildet[72]. Insbesondere kann der Dienstvorgesetzte Hinweise geben, sich durch Anforderung von Akten und Berichten unterrichten sowie Geschäftsprüfungen anstellen; speziell für Gerichtsvollzieher sind in diesem Zusammenhang die §§ 96 ff. GVO über die Geschäftsprüfungen zu nennen[73]. Diesen beobachtenden Maßnahmen können sich korrigierende Anordnungen anschließen, z. B. die Anweisung, organisatorische Mängel abzustellen, Rückstände aufzuarbeiten usw. Hierzu heißt es in § 16 Abs. 2 der Verordnung vom 20. 3. 1935[74], daß in der Dienstaufsicht die Befugnis liegt, die ordnungswidrige Ausführung eines Amtsgeschäfts zu rügen und zu einer sachgemäßen Erledigung zu ermahnen. Konkretere Bestimmungen enthält auch das besondere Dienstrecht der Gerichtsvollzieher nicht: Nach § 101 GVO trifft die Dienstbehörde (§ 2 Nr. 1 GVO) die erforderlichen Maßnahmen, falls eine Geschäftsprüfung Anlaß zu Beanstandungen oder Bedenken hinsichtlich der Geschäftsführung gibt. Dazu wird empfohlen, die bei Geschäftsprüfungen gewonnenen Erfahrungen auch zu Hinweisen an die anderen Gerichtsvollzieher zu verwerten. Nach dem dargelegten heutigen Verständnis der Dienstaufsicht als allgemeine Amts- und Geschäftsaufsicht kann auch auf § 16 Abs. 2 der Verordnung vom 20. 3. 1935[74] keine Aufsichtsmaßnahme gegenüber dem Gerichtsvollzieher gestützt werden, die auf den Inhalt eines bestimmten Amtsgeschäfts abzielt. Allenfalls wäre es möglich, § 16 Abs. 2 der Verordnung[74] auch als Regelung solcher Aufsichtsbefugnisse zu begreifen, die man heute dem Bereich fachlicher Aufsichtsmöglichkeiten zurechnet; darauf wird noch einzugehen sein[75].

Zusammenfassend ist somit festzustellen: Die Dienstaufsicht gegenüber dem Gerichtsvollzieher berechtigt lediglich dazu, den allgemeinen Geschäftsgang zu überwachen[76], z. B. den Gerichtsvollzieher zur rechtzeitigen Besorgung seiner Amtsgeschäfte zu ermahnen oder ein dienstpflichtwidriges Verhalten zu rügen, etwa wenn die Ausstattung des Geschäftszimmers oder die Buchführung Anlaß zur Beanstandung geben u. a. m. Derartige Maßnahmen stellen nur eine Kritik des Dienstvorgesetzten, keine Disziplinarmaßnahme dar[77]. Die Dienstaufsicht gibt aber

---

[71] Vgl. aber auch § 1 der VO v. 12. 4. 1951 des ehemaligen Landes Württemberg-Hohenzollern (RegBl. S. 43) und dazu *Schmidt-Räntsch*, § 26 Rdnr. 17.

[72] Vgl. *Rasch*, Verwaltungsorganisation, S. 204; *Wolff* II, S. 77 II d, S. 102.

[73] Vgl. auch *Sebode*, DGVZ 1964, 18 ff.; kritisch dazu *Rieken*, JVBl. 1964, 134; gegen ihn wiederum *Köhler*, Der Gerichtsvollzieher, März 1972, 1.

[74] Vgl. auch Fn. 33.

[75] s. unten IV 2 b.

[76] Vgl. auch *Burkhardt*, §§ 1, 2 GVO Anm. 2a; Noack, DGVZ 1970, 65; ders., DGVZ 1971, 49 f.; *Schüler*, DGVZ 1970, 147.

[77] Vgl. z. B. § 6 Abs. 2 LDO Berlin; s. auch *Sattelmacher-Lentz*, S. 3.

2. Organisations- und beamtenrechtliche Maßnahmen

keine Grundlage dafür ab, dem Gerichtsvollzieher im Einzelfall konkrete Vorausanweisungen oder korrigierende Anordnungen für seine Amtshandlungen zu erteilen[78], z. B. einen bestimmten Vollstreckungsakt ganz oder teilweise rückgängig zu machen. Eine derartige Sachaufsicht[79] steht nur dem Vollstreckungsgericht nach Maßgabe von § 766 ZPO zu[80]. Demgemäß heißt es in § 58 Nr. 1 GVGA, daß der Gerichtsvollzieher bei der ihm zugewiesenen Zwangsvollstreckung selbständig handelt und hierbei zwar der Aufsicht, nicht aber der unmittelbaren Leitung des Gerichts unterliegt.

So ist es selbstverständlich auch nicht möglich, daß der Aufsichtführende im Einzelfall eine Sache an sich zieht und anstelle des Gerichtsvollziehers handelt[81]. Erst recht können aufsichtsrechtliche Maßnahmen keine Bedeutung für rechtskräftige Entscheidungen des Vollstreckungsgerichts haben, die Anweisungen an den Gerichtsvollzieher enthalten[82].

Soweit danach Aufsichtsmaßnahmen wegen des allgemeinen Geschäftsgangs in Betracht kommen, ist außerdem zu berücksichtigen, daß der Gerichtsvollzieher seinen Geschäftsbetrieb, d. h. insbesondere die büromäßige Erledigung seiner Dienstgeschäfte[83] gem. § 45 Nr. 1 GVO nach eigenem pflichtgemäßen Ermessen regelt, soweit hierüber keine besonderen Bestimmungen bestehen. Das unterscheidet ihn wesentlich von anderen öffentlich-rechtlichen Bediensteten[84]. Solange der Gerichtsvollzieher die Grenzen des ihm eingeräumten pflichtgemäßen Ermessens einhält, kommen nach allgemeinen Grundsätzen des Verwaltungsrechts keine Aufsichtsmaßnahmen in Betracht[85]. Inwieweit besondere Bestimmungen im Sinne des § 45 Nr. 1 GVO dem Gerichtsvollzieher keine Ermessensfreiheit belassen, läßt sich nur im jeweiligen Einzelfall sagen, vor allem unter Berücksichtigung der übrigen Vorschriften der GVO.

(2) Durchsetzung der Dienstaufsicht

Das Aufstellen allgemeiner Dienst- und Geschäftsordnungen sowie die konkreten Anordnungen des Dienstvorgesetzten an den Gerichts-

---

[78] RGZ 140, 424 (429); *Sebode*, DGVZ 1964, 19; *Stein-Jonas-Münzberg*, § 766 Anm. IV 1; *Wieczorek*, § 154 Anm. C II b 1; *Zöller*, § 753 Anm. 1 b, § 766 Anm. 11; s. ferner die Nachw. oben zu den Fn. 10 u. 14, allerdings ohne konkreten Normenbezug.
[79] Vgl. *Schönke-Baur*, § 4 I 1, S. 18.
[80] s. oben IV 1 a; ferner *Schmidt-Räntsch*, § 26 Rdnr. 23.
[81] *Schüler*, Der Gerichtsvollzieher, November 1971, 7; *Wieczorek*, § 766 Anm. B I b 1; vgl. auch *Wolff* II, § 77 II d 4 ß, S. 105.
[82] Vgl. LG Frankfurt, NJW 1954, 724.
[83] *Burkhardt*, §§ 45—47 GVO Anm. 1.
[84] Vgl. BVerwGE 25, 1 (5).
[85] s. auch oben IV 1 b.

vollzieher im Einzelfall, z. B. ein Schild mit Namen und Amtsbezeichnung anzubringen (§ 46 Nr. 2 GVO) oder mit der Gerichtskasse abzurechnen (§ 75 GVO), stützen sich auf die Pflicht jedes Beamten, den allgemeinen und besonderen Weisungen seiner Vorgesetzten, also auch seines Dienstvorgesetzten[86] nachzukommen (§§ 37 S. 2 BRRG, 21 S. 2 LBG Berlin)[87,88]. Auf die Angreifbarkeit derartiger Einzelanweisungen durch den Gerichtsvollzieher wird noch einzugehen sein[89]. Notfalls kann die Durchsetzung der Dienstaufsicht durch Disziplinarmaßnahmen erzwungen werden[90].

Ob der aufsichtführende Richter gegenüber dem Gerichtsvollzieher Dienstaufsichtsmaßnahmen ergreift, liegt in seinem pflichtgemäßen Ermessen[91].

(3) Verhältnis zu anderen Rechtsbehelfen

Da sich die Dienstaufsicht auf den allgemeinen Geschäftsgang beschränkt, während die Erinnerung nach § 766 ZPO auf eine richterliche Überprüfung der einzelnen Amtshandlung gerichtet ist, kommt ein Nebeneinander von Dienstaufsicht und Erinnerung praktisch nicht in Betracht. Es ist daher irreführend, wenn es mitunter heißt, neben der Erinnerung sei stets eine Dienstaufsichtsbeschwerde möglich[92].

Denn mit der Dienstaufsichtsbeschwerde kann der Betroffene lediglich Möglichkeiten der Dienstaufsicht auslösen; somit erstreckt sich die Dienstaufsichtsbeschwerde ebensowenig wie die von Amts wegen eintretende Dienstaufsicht auf die sachliche Richtigkeit der vom Gerichtsvollzieher getroffenen Maßnahme[93]. Zu denken ist allenfalls daran, daß eine Beschwerde oft „Dienstaufsichtsbeschwerde" genannt wird, obwohl der Beschwerdeführer sich gegen den sachlichen Inhalt der Entscheidung wendet[94]. Auf eine dann in Wirklichkeit gegebene Fachaufsichtsbeschwerde wird noch einzugehen sein[95].

---

[86] Vgl. *Ule*, Beamtenrecht, 1970, § 3 BBG Rdnr. 8; *Plog-Wiedow*, § 3 Rdnr. 22; *Wolff* II, § 114 III 4, S. 460.
[87] Zu den entsprechenden Bestimmungen der anderen LBG s. Fn. 16.
[88] Vgl. *Rasch*, Verwaltungsorganisation, S. 206 f.
[89] s. unten IV 2 c (1).
[90] *Rasch*, Verwaltungsorganisation, S. 206 f.; *Wolff* II, § 77 II d 5, S. 105.
[91] Vgl. allgemein hierzu *Rasch*, Verwaltungsorganisation, S. 210; *Schmidt-Räntsch*, § 26 Rdnr. 5; s. auch die LDO, z. B. § 3 LDO Berlin.
[92] So aber *Baumbach-Lauterbach*, § 766 Anm. 2 C b; 3 C; *Wieczorek*, § 766 Anm. B I b 1; vgl. auch *Sebode*, Erinnerungsverfahren und Dienstaufsicht, DGVZ 1954, 81 (83); dagegen zutreffend *Schönke-Baur*, § 42 IV, S. 176.
[93] *Rasch*, Verwaltungsorganisation, S. 208; *Stein-Jonas-Münzberg*, § 766 Anm. IV 1; *Zöller*, § 766 Anm. 11.
[94] Vgl. *Eyermann-Fröhler*, Verwaltungsgerichtsordnung, 5. Aufl., 1971, § 42 Rdnr. 54; *Wolff*, Verwaltungsrecht III, 2. Aufl., 1967, § 161 IV a 2, S. 293.
[95] s. unten IV 2 b; vgl. auch schon oben zu Fn. 66.

2. Organisations- und beamtenrechtliche Maßnahmen

Der Betroffene hat keinen Anspruch darauf, daß im Wege der Dienstaufsicht gegen den Gerichtsvollzieher eingeschritten wird, da die Wahrnehmung der Dienstaufsicht im Ermessen des Dienstvorgesetzten liegt[96].

Die Dienstaufsicht gegenüber dem Gerichtsvollzieher gehört zur Justizverwaltung; Dienstaufsichtsbeschwerden sind daher im Dienstaufsichtsweg zu erledigen, § 17 Abs. 1 der VO vom 20. 3. 1935[97,98].

b) Fachaufsichtsmaßnahmen

Während sich die Dienstaufsicht auf die allgemeine Geschäftsführung beschränkt, ist die Fachaufsicht auf die inhaltliche Richtigkeit der einzelnen Amtshandlung gerichtet. Sie stellt eine umfassende Sachweisungsbefugnis dar und erstreckt sich grundsätzlich sowohl auf die Rechtmäßigkeit wie auf die Zweckmäßigkeit der Wahrnehmung fachlicher Aufgaben[99]. Eine derartige Gebundenheit gibt es sowohl im Verhältnis von vorgesetzten zu nachgeordneten Behörden als auch innerhalb einer Behörde als sogenannte fachliche Amtsaufsicht des Behördenleiters und anderer Vorgesetzter über die fachliche Kompetenzwahrnehmung[100]; auch insoweit kann es also offen bleiben, welches organisationsrechtliche Verhältnis im einzelnen zwischen Gerichtsvollzieher und etwaigen Vorgesetzten besteht. Die sogenannte fachliche Amtsaufsicht kommt der umfassenden beamtenrechtlichen Weisungsbefugnis[101] gleich, soweit es um den sachlichen Inhalt der Amtshandlungen geht.

Es fragt sich aber, ob der Gerichtsvollzieher in einem solchen organisationsrechtlichen Abhängigkeitsverhältnis steht, wie es eine fachliche Weisungsabhängigkeit voraussetzt.

Nach § 753 ZPO wird die Zwangsvollstreckung, soweit sie nicht anderen Stellen (Vollstreckungsgericht, Prozeßgericht, Grundbuchamt) zugewiesen ist, vom Gerichtsvollzieher durchgeführt. Damit wird der Gerichtsvollzieher als solcher berufen, nicht die Justizverwaltung. Demgemäß können die Stellen, denen die Justizverwaltung allgemein über-

---

[96] *Rasch*, Verwaltungsorganisation, S. 210 mit Nachw.; s. auch *Schmidt-Räntsch*, § 26 Rdnr. 5.
[97] Ähnlich Art. 41 BayAGGVG und § 28 BreAGGVG; keine entsprechenden Vorschriften gibt es im NdsAGGVG und im HmbAGGVG.
[98] Zur Anfechtbarkeit von Entscheidungen über Dienstaufsichtsbeschwerden durch den Beschwerdeführer s. u. a. *Rasch*, Verwaltungsorganisation, S. 209.
[99] *Rasch*, Verwaltungsorganisation, S. 205.
[100] *Wolff* II, § 77 II b 5, S. 99.
[101] §§ 37 S. 2 BRRG, 21 S. 2 LBG Berlin (zu den entsprechenden Bestimmungen der anderen LBG s. Fn. 16). Vgl. *Rasch*, Verwaltungsorganisation, S. 206.

tragen ist[102], insbesondere der aufsichtsführende Amtsrichter und die Präsidenten der Gerichte, auch nicht die Vollstreckungsfunktionen des Gerichtsvollziehers an sich ziehen und etwa selbst ausüben. Die normative Zuweisung der Vollstreckungsaufgaben an den Gerichtsvollzieher ist dem Gebiet der funktionellen Zuständigkeit zuzuordnen. Eine Verletzung der Normen über diese funktionelle Zuständigkeit führt aber zur Wirkungslosigkeit der Maßnahme[103]. Deswegen wird der Gerichtsvollzieher regelmäßig zutreffend als selbständiges Vollstreckungsorgan bezeichnet, das eigenständig neben den anderen Vollstreckungsorganen steht. Er ist kein Unterorgan des Gerichts, sondern ein vom Gesetz den Parteien zur Verfügung gestelltes selbständiges Organ der Gerichtsbarkeit[104]. Man könnte im organisationsrechtlichen Sinn von einem sogenannten monistischen Organ sprechen, dessen Zuständigkeiten von nur einem Organwalter allein vorgenommen werden[105].

Dem entspricht die organisatorische Stellung des Gerichtsvollziehers. Hier genießt er im Vergleich mit anderen öffentlichen Bediensteten eine ausgesprochene Sonderstellung. Er ist Organ der Rechtspflege, aber keiner üblichen Verwaltungsorganisation mit hierarchischem Aufbau, auch nicht den Gerichten eingegliedert[106]. Vielmehr hat er ein Geschäftszimmer auf eigene Kosten zu halten (§ 46 Nr. 1 GVO). Er regelt seinen Geschäftsbetrieb nach eigenem pflichtgemäßen Ermessen (§ 45 GVO). Für dienstliche Zwecke führt er ein eigenes Dienstsiegel (§ 7 Nr. 1 GVO). Falls erforderlich, unterhält er eine Pfandkammer auf eigene Kosten, andernfalls benutzt er die behördeneigene Pfandkammer gegen Entgelt (§ 48 Nr. 1 GVO). Der Gerichtsvollzieher ist verpflichtet, Büro- und Schreibgehilfen auf eigene Kosten zu beschäftigen, soweit es der Geschäftsbetrieb erfordert; für ihre Tätigkeit ist er verantwortlich (§ 49 Nr. 1 GVO). Den Geschäftsbedarf beschafft er auf eigene Kosten (§ 52 Nr. 1 GVO). Den Schriftverkehr führt er unter eigenem Namen (§ 53 Nr. 1 GVO). Er führt eigene Akten (§ 55 GVO) und Geschäftsbücher (§ 62 GVO); Geld, Wertsachen und Kostbarkeiten hat er unter eigenem Verschluß aufzubewahren (§ 72 GVO). Der Gerichtsvollzieher erhält neben den Dienstbezügen als Beamter Anteile von den Gebühren, die er vereinnahmt hat, sowie bestimmte Entschädigungen zum Ersatz barer Auslagen (§ 10 GVO).

---

[102] § 13 der VO v. 20. 3. 1935; gleichlautend die in BW gültige Fassung (vgl. Fn. 29); ähnlich Art. 37 BayAGGVG, §§ 23 BreAGGVG, 12 NdsAGGVG, 22 HmbAGGVG.
[103] *Rosenberg*, §§ 30 IV 2, 178 I 2, S. 126, 925; *Rosenberg-Schwab*, § 31 IV 2, S. 129; einschränkend *Wieczorek*, § 1 Anm. B IV b 4; § 753 Anm. B 1 a.
[104] *Stein-Jonas-Pohle*, vor § 166 Anm. V 2; *De Boor-Erkel*, S. 20.
[105] Vgl. *Wolff* II, § 75 II, S. 68.
[106] *Bruns*, § 6 IV, S. 48.

2. Organisations- und beamtenrechtliche Maßnahmen

Zu dieser Position des Gerichtsvollziehers paßt nicht die normale beamtenrechtliche Vorstellung (§ 5 Abs. 2 LBG Berlin)[107], wonach jeder Beamte außer einem für die Dienstaufsicht zuständigen Vorgesetzten noch einen oder mehrere Vorgesetzte hat. Denn wer Vorgesetzter im beamtenrechtlichen Sinn ist, bestimmt sich nach dem jeweiligen Aufbau und der konkreten Organisation einer öffentlichen Verwaltung[108]. An einer entsprechenden hierarchischen Gliederung fehlt es aber im Verhältnis zum Gerichtsvollzieher. Andererseits ist die Befugnis, einem Beamten für seine dienstliche Tätigkeit Anordnungen zu erteilen, an die Stellung eines Vorgesetzten geknüpft (§§ 37 S. 2 BRRG, 21 S. 2 LBG Berlin)[109]. Dies legt die Annahme nahe, daß der Gerichtsvollzieher infolge dieser Sonderstellung keiner verwaltungsmäßigen Weisungsgebundenheit der mit der Justizverwaltung betrauten Stellen unterliegt, die sich auf den konkreten Inhalt seiner Amtsgeschäfte bezieht[110]. So werden auch die Stimmen verständlich, die offensichtlich eine Dienstaufsicht gegenüber dem Gerichtsvollzieher nicht nur auf den allgemeinen Geschäftsgang beziehen, sondern auch auf die einzelnen Amtshandlungen, gleichwohl aber eine sachliche, die einzelne Amtshandlung betreffende Weisungsunterworfenheit ablehnen[111].

Damit ist der Gerichtsvollzieher nicht von jeder Fachaufsicht bzw. sachlichen Gebundenheit befreit. Denn im Rahmen des § 766 ZPO unterliegt er in vollem Umfang der vollstreckungsgerichtlichen Rechtskontrolle[112].

In diese Rechtslage fügen sich auch die Bestimmungen der GVGA ein. Nach § 58 Nr. 1 GVGA handelt der Gerichtsvollzieher nämlich bei der ihm zugewiesenen Zwangsvollstreckung selbständig. Er unterliegt hierbei zwar der Aufsicht, nicht aber der unmittelbaren Leitung des Gerichts; das zielt nach dem Zuvorgesagten eindeutig auf die vollstreckungsgerichtliche Befugnis gem. § 766 ZPO ab. Denn die GVGA erstreckt sich auf die jeweiligen Amtshandlungen des Gerichtsvollziehers, während die GVO seinen allgemeinen Geschäftsbetrieb regelt. Damit vertragen sich auch die Vorschriften von § 1 GVGA. Unterliegt der Gerichtsvollzieher nicht wie ein normaler Beamter bei seinen jeweiligen Amtshandlungen den fachlichen Weisungen von Vorgesetzten, so können ihm weder sachliche Einzelanweisungen noch auf den Inhalt seiner Amtsgeschäfte bezogene allgemeine Vorschriften gegeben werden. Wenn

---

[107] Zu den entsprechenden Bestimmungen der anderen LBG s. Fn. 23.
[108] Vgl. § 3 II 3 BBG; ferner *Fischbach*, § 3 Anm. A V 2; *Plog-Wiedow*, § 3 Rdnr. 22.
[109] Zu den entsprechenden Bestimmungen der anderen LBG s. Fn. 16.
[110] Vgl. auch *Noack*, JVBl. 1967, 154.
[111] s. oben II.
[112] s. oben IV 1 a.

IV. Stellungnahme

§ 1 Abs. 3 GVGA gleichwohl betont, daß die Beachtung der Vorschriften dieser GVGA zu den Amtspflichten des Gerichtsvollziehers gehört, so kann dies nur dahin verstanden werden, daß der Gerichtsvollzieher sich der GVGA als Auslegungshilfe zum Verständnis des Rechts zu bedienen hat, das seine Dienstverrichtungen festlegt. Nicht aber ist er dienstrechtlich gebunden, die GVGA in jedem einzelnen Fall notwendig auszuführen[113]. Angesichts der bis in die letzten Einzelheiten gehenden Vorschriften der GVGA würde ein Zwang zur strikten Befolgung durch den Gerichtsvollzieher auch mit anderen Vorschriften eben gerade dieser GVGA nicht zu vereinbaren sein. Denn einmal stellt der bereits erörterte § 58 GVGA die Selbständigkeit des Gerichtsvollziehers deutlich heraus. Zum anderen hebt § 1 Abs. 2 S. 2 Halbs. 2 GVGA noch besonders die Verpflichtung des Gerichtsvollziehers hervor, sich eine genaue Kenntnis der Bestimmungen aus dem Gesetz selbst anzueignen. Man kann aber nicht einerseits dem Gerichtsvollzieher bis ins Detail bindende Vorschriften geben und ihn andererseits zu selbständigem Handeln und der damit notwendig korrespondierenden Eigenverantwortlichkeit verpflichten. Verständlich wird diese scheinbare Widersprüchlichkeit dadurch, daß man die GVGA nicht als im Einzelfall bindende Dienstanweisung begreift, sondern als Auslegungshilfe, als Kommentar, als Instruktionsbuch, das der Gerichtsvollzieher bei jeder Amtshandlung zum Verständnis der gesetzlichen Normen, die seinen Aufgabenkreis und das jeweils zu beobachtende Verfahren regeln, heranzuziehen hat[114]. Nur so wird auch der übrige Inhalt von § 1 Abs. 2 GVGA verständlich. Danach soll die GVGA, die nach ihrem eigenen Wortlaut keinen Anspruch auf Vollständigkeit erhebt und dem Gesetz selbst den Vorrang überläßt, dem Gerichtsvollzieher das Verständnis der gesetzlichen Vorschriften lediglich erleichtern. So verstanden hat sich der Gerichtsvollzieher der GVGA zu bedienen wie andere Beamte der Dienstaufsicht dahin unterliegen, daß sie die höchstrichterlichen Entscheidungen, anerkannte Hilfsmittel, z. B. füh-

---

[113] Vgl. zur Bindung der Verwaltung an Verwaltungsvorschriften allgemein und sogar entgegen einer höchstrichterlichen Rechtsprechung *Ossenbühl*, Verwaltungsvorschriften und Grundgesetz, 1968 insb. S. 310 mit Nachw.

[114] Vgl. auch *Rosenberg*, § 178 II 5, S. 927; *Wieczorek*, § 808 Anm. C I b 2; *Zöller*, § 753 Anm. 1 b; soweit hier allerdings die Rede davon ist, der Gerichtsvollzieher habe nach pflichtgemäßem Ermessen zu prüfen, ob die GVGA dem Gesetz entspreche, besteht die Gefahr eines Mißverständnisses. Von Ermessen im eigentlichen Sinn kann man nur sprechen, wenn ein nach Zweckmäßigkeitsgrundsätzen auszufüllender Gestaltungsspielraum zur Wahl mehrerer rechtmäßiger Möglichkeiten besteht; ein solches Ermessen steht dem Gerichtsvollzieher nur in den gesetzlich bestimmten Fällen zu (s. oben IV 1 b). Ob die GVGA dem gesetzlichen Vollstreckungsrecht entspricht, ist vielmehr nach Rechtsgrundsätzen, die der Idee nach nur eine richtige Entscheidung zulassen, zu prüfen. Diese Prüfung hat der Gerichtsvollzieher allerdings eigenverantwortlich anzustellen, wobei er nur der vollstreckungsgerichtlichen Kontrolle nach § 766 unterliegt.

2. Organisations- und beamtenrechtliche Maßnahmen

rende Erläuterungswerke usw., bei ihrer Amtstätigkeit berücksichtigen. Damit gehört die Beachtung der GVGA zu den allgemeinen Dienstpflichten des Gerichtsvollziehers, deren Verwendung als Hilfsmittel im Wege der Dienstaufsicht kontrolliert werden kann[115], auf deren Grundlage aber keine Weisungen im Einzelfall möglich sind.

Allerdings hat der Gerichtsvollzieher die GVGA als anerkannte und bewährte Auslegungshilfe regelmäßig seiner Amtstätigkeit zugrunde zu legen. Nur in Fällen, in denen sich eine gegenteilige gefestigte Rechtsprechung oder eine abweichende herrschende Meinung im Fachschrifttum gebildet hat, wird Anlaß gegeben sein, von der GVGA abzuweichen. Dann wird man auch nicht zögern dürfen, die GVGA selbst zu ändern. So hat auch der Justizminister von Baden-Württemberg im Jahre 1967 erklärt, daß die GVGA immer wieder geprüft und, falls sich ein Bedürfnis hierfür ergebe, geändert und ergänzt werden müsse; Anlaß hierzu gäben häufig Erfahrungen und Zweifelsfragen der Praxis sowie neue, bisher nicht oder nicht genügend berücksichtigte Fallgestaltungen[116]. Setzt sich der Gerichtsvollzieher ohne wichtigen Grund über die Bestimmungen der GVGA hinweg, so sind aufsichtsrechtliche Maßnahmen möglich, die zwar nicht zu einer Anweisung im konkreten Einzelfall führen können, wohl aber u. a. zu dem Hinweis, in künftigen Fällen die Vorschriften der GVGA zu beachten.

Im Ergebnis bedeutet das eine weitgehende Weisungsfreiheit des Gerichtsvollziehers von der Justizverwaltung hinsichtlich des Inhalts der einzelnen Amtstätigkeit, gleichgültig ob es sich um Vorausanweisungen oder nachträgliche Korrekturanordnungen handelt. Das läßt sich auch mit den geltenden Normen des Beamtenrechts vereinbaren, welche durchaus Beamte kennen, die nach besonderer gesetzlicher Vorschrift an Weisungen nicht gebunden und nur dem Gesetz unterworfen sind (vgl. §§ 37 S. 3 BRRG, 21 S. 2 LBG Berlin)[117]. Selbst wenn man die organisations- und dienstrechtlichen Vorschriften, aus denen sich Selbständigkeit und Eigenverantwortlichkeit des Gerichtsvollziehers ergeben, nicht als derartige besondere gesetzliche Vorschriften im beamtenrechtlichen Sinn anerkennen will, ist nach der dargelegten organisatorisch-funktionellen Stellung des Gerichtsvollziehers faktisch für eine strikte Weisungsabhängigkeit in Ansehung des Inhalts seiner Amtsgeschäfte kein Raum. Die durch diese Position vermittelte Selbständigkeit des Gerichtsvollziehers als eigenständiges Rechtspflegeorgan gestattet einen Vergleich mit der rechtlichen Stellung von Selbstverwaltungsorganen. Auch ihnen gegenüber sind Anordnungen in der Sache selbst unzulässig,

---

[115] s. oben IV 2 a (1).
[116] *Schieler*, Standespolitische Fragen der Gerichtsvollzieher, DGVZ 1968, 1 (3).
[117] Zu den entsprechenden Vorschriften der anderen LBG s. Fn. 16.

wenn der betroffene Dritte die Möglichkeit hat, im Wege eines Rechtsbehelfs die gerichtliche Klärung der Angelegenheit herbeizuführen[118], wie das gegenüber dem Gerichtsvollzieher eine Erinnerung gem. § 766 ZPO ermöglicht.

Demzufolge kommt auch eine Fachaufsichtsbeschwerde, die sich gegen den materiellen Inhalt der vom Gerichtsvollzieher vorgenommenen Maßnahme richtet[119], nicht in Betracht, da sie eine sachliche Gebundenheit des Amtswalters im einzelnen Fall voraussetzt, die in der Person des Gerichtsvollziehers nicht gegeben ist.

c) Rechtsbehelfe des Gerichtsvollziehers

Es fragt sich nunmehr, welche Rechtsbehelfe dem Gerichtsvollzieher zur Verfügung stehen, wenn ihm gegenüber Dienstaufsichtsmaßnahmen[120] erfolgen, die er für unberechtigt hält, oder wenn sachliche Weisungen der Justizverwaltung[121] an ihn ergehen, die nach dem Zuvorgesagten rechtlich nicht zulässig sind.

(1) Anfechtung von Dienstaufsichtsmaßnahmen

(a) Verwaltungsgerichtliche Klage

Maßnahmen der Dienstaufsicht gegenüber dem Gerichtsvollzieher äußern sich gem. den §§ 37 S. 2 BRRG, 21 S. 2 LBG Berlin[122] entweder in Richtlinien, die eine unbestimmte Zahl von Fällen betreffen, z. B. der Hinweis, terminierte Amtshandlungen künftig pünktlich zu beginnen[123], oder in Weisungen, die sich auf den Einzelfall beziehen[124], z. B. die Anordnung, unverzüglich ein besonderes Geschäftszimmer einzurichten. Als im Klagewege anfechtbarer Verwaltungsakt kommt nur eine derartige Einzelanweisung in Betracht. Nur solche behördlichen Maßnahmen können aber Verwaltungsakte sein, die zur Regelung eines Einzelfalles getroffen werden. Es muß sich also um eine Maßnahme handeln, von der unmittelbar rechtliche Wirkungen ausgehen. Das liegt nur dann vor, wenn entweder bestimmt wird, was für einen Betroffenen Rechtens ist oder wenn ihm mit verbindlicher Kraft ein bestimmtes Tun oder

---

[118] *Schnapp*, Die vorgreifliche Anordnung der Aufsichtsbehörde in der Sozialversicherung, BKK 1966, 67 mit Nachw.; *Wolff* II, § 77 II c 2 γ, S. 101.
[119] *Rasch*, Verwaltungsorganisation, S. 208; *Wolff*, III, § 161 IV a 2, S. 293.
[120] s. oben IV 2 a.
[121] s. oben IV 2 b.
[122] Zu den entsprechenden Vorschriften der anderen LBG s. Fn. 16.
[123] s. oben IV 2 a (2).
[124] Vgl. auch *Ule*, § 37 BRRG Rdnr. 3.

2. Organisations- und beamtenrechtliche Maßnahmen

Unterlassen auferlegt und so unmittelbar in eine Rechtssphäre eingegriffen wird[125].

Im Anschluß daran ist es umstritten, inwieweit an einen Beamten gerichtete Anordnungen, insbesondere Maßnahmen der Dienstaufsicht, als Verwaltungsakte anzusehen sind oder nicht. Vielfach werden als Verwaltungsakte nur Maßnahmen angesehen, welche die persönlichen Angelegenheiten (§§ 3 Abs. 2 S. 1 BBG, 5 Abs. 1 S. 1 LBG Berlin)[126] betreffen, nicht dagegen dienstliche Weisungen (vgl. §§ 3 Abs. 2 S. 2 BBG, 5 Abs. 2 LBG Berlin)[126], weil der Beamte hier nur als Teil des behördlichen Gesamtorganismus angesprochen werde, dem er sich durch seinen Eintritt unterworfen habe. Ähnlich unterscheiden andere zwischen anfechtbaren Maßnahmen im „Grundverhältnis" und unanfechtbaren Maßnahmen in „Betriebsverhältnis". Wieder andere nehmen innerdienstliche Maßnahmen von der Anfechtbarkeit mangels Rechtsschutzbedürfnis aus. Diese Auffassungen sind im Hinblick auf die umfassende Rechtsschutzgarantie des Art. 19 Abs. 4 GG auf Kritik gestoßen[127]. Einen das verfassungsmäßige Rechtsschutzgebot respektierenden Standpunkt nimmt die heute die Praxis bestimmende Rechtsprechung des Bundesverwaltungsgerichts ein. Danach sind innerdienstliche Anordnungen nur dann im Verwaltungsrechtsweg anfechtbare Verwaltungsakte, wenn sich ihre potentiellen Wirkungen nicht auf die Stellung des Beamten als Amtsträger beschränken, sondern sich über die Konkretisierung der Gehorsamspflicht hinaus auch auf dessen Stellung als eine dem Dienstherrn mit selbständigen Rechten gegenüberstehende Rechtspersönlichkeit erstrecken. Das gilt insbesondere für alle Vorgänge, welche die öffentliche Verwaltung und die Amtsführung lenken[128]. Dabei kann es hier wiederum auf sich beruhen bleiben, in welchem organisationsrechtlichen Verhältnis der Gerichtsvollzieher zur Justizverwaltung steht. Denn einmal sind dienstliche Weisungen einer Aufsichtsbehörde an eine der Anweisung und Aufsicht unterliegenden Behörde als verwaltungsinterne Akte nicht im Verwaltungsrechtsweg anfechtbar[129]. Das gleiche gilt zum anderen für interne Anordnungen gegenüber einem einzelnen Beamten als Glied der Verwaltung, die lediglich seine Amtsführung lenken[130].

---

[125] Vgl. statt aller mit weit. Nachw. *Klinger*, Verwaltungsgerichtsordnung, 2. Aufl., 1964, S. 187 f.; *Wolff*, Verwaltungsrecht I, 8. Aufl., 1971, § 46 VII, S. 337 ff.

[126] Zu den entsprechenden Vorschriften der anderen LBG s. Fn. 23.

[127] Vgl. mit Nachw. *Schunck-De Clerck*, § 42 Anm. 2 a, gg; ferner gleichfalls mit Nachw. *Eyermann-Fröhler*, § 42 Rdnr. 47 f.; *Klinger*, S. 187 ff.; *Rasch*, Verwaltungsorganisation, S. 78; *Redeker-von Oertzen*, Verwaltungsgerichtsordnung, 4. Aufl., 1971, § 42 Rdnr. 50 ff.; *Ule*, Beamtenrecht, § 3 BBG Rdnr. 8; § 37 BRRG Rdnr. 3; *ders.*, Verwaltungsgerichtsbarkeit, 2. Aufl., 1962, § 42 Anm. IV 4, S. 158 ff.; *Wolff* I, § 46 VII, S. 337.

[128] BVerwG NJW 1962, 1313 entgegen OVG Koblenz DÖV 1960, 350.

[129] BVerwG DVBl 1957, 321.

Damit steht der Beamte im Fall eines Fehlens verwaltungsgerichtlicher Anfechtungsmöglichkeit nicht rechtsschutzlos. Erweisen sich derartige verwaltungsinterne Akte ohne Außenwirkung als rechtswidrig, so kann und muß der Beamte nach den §§ 38 Abs. 2, 3 BRRG, 22 Abs. 2, 3 LBG Berlin[131] bei seinem unmittelbaren Vorgesetzten, und wenn dieser an der Weisung festhält, bei dem nächsthöheren Vorgesetzten vorstellig werden. Hält der Beamte auch die Bestätigung durch den höheren Vorgesetzten für unverbindlich, so bleibt ihm die Möglichkeit der Gehorsamsverweigerung. Dann kommt eine endgültige Entscheidung im Disziplinarverfahren in Betracht, das in ein disziplinargerichtliches Verfahren überführt werden kann, so daß dem Beamten auf diese Weise gerichtlicher Rechtsschutz zuteil wird[132].

Ob dienstliche Weisungen sich nach den vorstehenden Grundsätzen auf die Stellung des Beamten als Amtsträger und Glied der Verwaltung beschränken oder ob sie sich darüber hinaus auch auf dessen Stellung als eine mit selbständigen Rechten ausgestatteten Rechtsperson erstrecken und damit vor dem Verwaltungsgericht anfechtbare Verwaltungsakte darstellen, läßt sich nicht allgemein, sondern nur im einzelnen Fall sagen[133]. So hat man als Verwaltungsakte z. B. angesehen: Begründung, Änderung und Beendigung des Beamtenverhältnisses, Versetzung, Entscheidungen im Besoldungs- und Versorgungsrecht, Verbot zur Führung von Dienstgeschäften, Entbindung von geschäftsleitenden Aufgaben, Erteilung und Widerruf von Zeugnissen über die Befähigung für eine angestrebte Laufbahn, beförderungsrelevante Beurteilungen von Beamten u. a. m.[134]. Demgegenüber wurde das Vorliegen eines Verwaltungsaktes z. B. in folgenden Fällen verneint: Verfügungen, die den inneren Dienstbetrieb regeln, Änderungen der Organisation, Zuweisung anderer Dienstgeschäfte usw.[135]. Einzelheiten sind bis heute umstritten.

Maßnahmen der allgemeinen Dienstaufsicht werden sich regelmäßig als Rügen, Vorhaltungen, Ermahnungen, Beanstandungen, Mißbilligun-

---

[130] BVerwG NJW 1962, 1313.

[131] Vgl. auch §§ 69 BWLBG, 65 BayBG, 57 BremBG, 59 HmbBG, 71 HBG, 64 NBG, 59 NWLBG, 66 RPLBG, 69 SBG, 68 SHLBG.

[132] BVerwG NJW 1962, 1313; *E. Stein*, Die Grenzen des dienstlichen Weisungsrechts, Recht und Staat 313/314, 1965, S. 44 f.; *Ule*, Beamtenrecht, § 3 BBG Rdnr. 8; § 38 BRRG Rdnr. 5; *ders.*, Verwaltungsgerichtsbarkeit, § 42 Anm. IV 2 b, S. 163.

[133] Vgl. *Rasch*, Verwaltungsorganisation, S. 78.

[134] Vgl. mit Nachw. *Eyermann-Fröhler*, § 42 Rdnr. 50 f.; *Redeker-von Oertzen*, § 42 Rdnr. 51; *Schunck-De Clerck*, § 42 Anm. 2 a, gg; *Ule*, Verwaltungsgerichtsbarkeit, § 42 Anm. IV, S. 158.

[135] *Eyermann-Fröhler*, § 42 Rdnr. 47 f.; *Redeker-von Oertzen*, § 42 Rdnr. 52, 60; *Schunck-De Clerck*, § 42 Anm. 2 a, gg, ii; *Ule*, Verwaltungsgerichtsbarkeit, § 42 IV 4, S. 158.

2. Organisations- und beamtenrechtliche Maßnahmen

gen, Hinweise usw. zeigen[136]. Es fragt sich also zunächst, ob derartige dienstliche Weisungen anfechtbare Verwaltungsakte sind. Nach der Rechtsprechung des Bundesverwaltungsgerichts sind solche aufsichtsrechtliche Maßnahmen keine anfechtbaren Verwaltungsakte, da sie keine Regelung treffen. Eine Regelung liegt nur dann vor, wenn und soweit eine behördliche Maßnahme unmittelbar rechtliche Wirkungen in sich trägt oder auslöst. Davon kann aber nur gesprochen werden, wenn mit der Rüge, Mißbilligung usw. in die Rechtsstellung des Gerügten eingegriffen wird. Das ist dann nicht der Fall, wenn nicht das Bestehen der Aufsichtsgewalt überhaupt bestritten, sondern lediglich die einzelne Aufsichtsmaßnahme als in der Sache nicht gerechtfertigt angegriffen wird[137]. Insbesondere ist eine solche Weisung kein Akt der Disziplinargewalt[138]. Diese Auffassung wird überwiegend auch von der instanzgerichtlichen Rechtsprechung[139] und der Literatur[140] geteilt.

Da der Gerichtsvollzieher wie jeder andere Beamte der allgemeinen Dienstaufsicht unterliegt, und er insoweit keine Sonderstellung genießt, gelten für ihn dieselben Grundsätze. Dienstaufsichtsmaßnahmen im eigentlichen Sinn kann er daher nicht mit Erfolg vor Gericht angreifen.

(b) Remonstration und Disziplinarverfahren

Soweit dem Gerichtsvollzieher eine gerichtliche Anfechtung von Dienstaufsichtsmaßnahmen nicht zur Verfügung steht, kann er nach dem soeben Ausgeführten gem. §§ 38 Abs. 2, 3 BRRG, 22 Abs. 2, 3 LBG Berlin[141] bei seinen Dienstvorgesetzten vorstellig werden und durch Gehorsamsverweigerung zu seiner eigenen Rehabilitation disziplinargerichtlichen Rechtsschutz erzwingen.

(c) Gegenvorstellung und Dienstaufsichtsbeschwerde

Außerdem steht auch dem Gerichtsvollzieher gegenüber Maßnahmen der Dienstaufsicht die formlose Gegenvorstellung zu, die sich an die

---

[136] s. oben IV 2 a (1).
[137] BVerwG NJW 1961, 935.
[138] s. oben IV 2 a (1).
[139] Vgl. mit Nachw. HessVGH DÖV 1958, 785; OVG Lüneburg, Städtetag 1959, 169; a. A. OVG Münster, NJW 1954, S. 1015, das gegen Vorhaltungen und Rügen zwar den Verwaltungsrechtsweg für eröffnet ansieht, sie aber nur unter den engen Voraussetzungen des § 193 StGB für rechtswidrig und damit im Regelfall auch nicht mit Erfolg für anfechtbar hält.
[140] *Eyermann-Fröhler*, § 42 Rdnr. 48; *Schmidt-Räntsch*, § 26 Rdnr. 27 mit Nachw.; *Ule*, Verwaltungsgerichtsbarkeit, § 42 Anm. IV 4 b, S. 163; *ders.*, Verwaltungsprozeßrecht, 5. Aufl., 1971, S. 140.
[141] Zu den entsprechenden Vorschriften der anderen LBG s. Fn. 131.

Stelle wendet, welche die beanstandete Maßnahme erlassen hat. Daneben kann er die formlose Dienstaufsichtsbeschwerde einlegen; dabei hat er den Dienstweg über den unmittelbaren und die weiteren Dienstvorgesetzten einzuhalten[142]. Richtet sich die Beschwerde gegen den aufsichtsführenden Amtsrichter, so kann sie bei dem nächsthöheren Vorgesetzten eingereicht werden, §§ 60 BRRG, 178 LBG Berlin[143].

(2) Anfechtung von Fachaufsichtsmaßnahmen

(a) Gerichtliche Klage

Auch Maßnahmen der Fachaufsicht beruhen auf der umfassenden beamtenrechtlichen Weisungsbefugnis (§§ 37 S. 2 BRRG, 21 S. 2 LBG Berlin)[144]. Sie beziehen sich jedoch immer auf den sachlichen Inhalt der Amtshandlungen[145]. Demgemäß berühren sie grundsätzlich nur die Stellung des Beamten als Amtsträger, nicht aber seine Stellung als eine dem Dienstherrn gegenüber mit selbständigen Rechten ausgestattete Rechtsperson. Derartige dienstliche Sachanweisungen gegenüber einem nach allgemeinem Beamtenrecht uneingeschränkt gehorsamspflichtigen Beamten sind ebensowenig vor Gericht anfechtbare Verwaltungsakte[146] wie Maßnahmen der Fachaufsicht gegenüber umfassend weisungsgebundenen nachgeordneten Behörden[147], so daß prinzipiell keine gerichtliche Anfechtbarkeit in Betracht kommt[148]. Etwas anderes kann allenfalls dann gelten, wenn eine dienstliche Weisung sich auf ein strafbares Verhalten oder eine Verletzung der Menschenwürde (vgl. §§ 38 Abs. 2 S. 2 BRRG, 22 Abs. 2 S. 4 LBG Berlin)[149] richtet oder andere elementare Grundsätze der Rechtsordnung verletzt[150].

Der Gerichtsvollzieher unterscheidet sich nun dadurch wesentlich von anderen Bediensteten des öffentlichen Rechts, daß er keiner normalen Weisungsgebundenheit wegen des Inhalts der von ihm vorzunehmenden

---

[142] *Rasch*, Verwaltungsorganisation, S. 205.
[143] Vgl. auch §§ 109 BWLBG, 182 BayBG, 159 BremBG, 170 HmbBG, 181 HBG, 100 NBG, 179 NWLBG, 217 RPLBG, 189 SBG, 181 SHLBG.
[144] Zu den entsprechenden Vorschriften der anderen LBG s. Fn. 16.
[145] s. oben IV 2 b.
[146] Vgl. mit Nachw. *Eyermann-Fröhler*, § 42 Rdnr. 47 ff.; *Klinger*, S. 188; *Redeker-von Oertzen*, § 42 Rdnr. 52; *Schunck-De Clerck*, § 42 Anm. 2 a, ii; *Ule*, VwGO, § 42 Anm. IV b, S. 162; *Wolff I*, § 46 VII b, S. 338.
[147] Vgl. mit Nachw. *Eyermann-Fröhler*, § 42 Rdnr. 53; *Klinger*, S. 190; *Redeker-von Oertzen*, § 42 Rdnr. 33; *Schunck-De Clerck*, § 42 Anm. 2 a, ii; *Ule*, VwGO, § 42 Anm. IV 5 a; *Wolff I*, § 46 VII b, S. 338.
[148] s. oben (1).
[149] Zu den entsprechenden Vorschriften der anderen LBG s. Fn. 131.
[150] *Eyermann-Fröhler*, § 42 Rdnr. 52; *Wolff I*, § 46 VII b, S. 338.

2. Organisations- und beamtenrechtliche Maßnahmen

einzelnen Amtsgeschäfte unterliegt[151]. Sicherlich kann nach dem Zuvorgesagten kein in vollem Umfang weisungsabhängiger Beamter ein einzelnes fachaufsichtsrechtliches Vorgehen mit der Begründung vor Gericht anfechten, die Maßnahme sei der Sache nach nicht berechtigt. Etwas anderes muß aber gelten, wenn der sachlich von der Justizverwaltung weisungsfreie Gerichtsvollzieher geltend macht, eine fachaufsichtsrechtliche Weisung sei nicht berechtigt, da er überhaupt keiner verwaltungsmäßigen Fachaufsicht unterliege. Denn insoweit bedeutet die fachliche Weisung nicht lediglich die Konkretisierung einer an und für sich bestehenden Gehorsamspflicht, sondern einen Eingriff in die mit sachlicher Weisungsfreiheit ausgestattete und daher mit selbständigen Rechten versehene Rechtsstellung des Gerichtsvollziehers. Eine derartige Aufsichtsmaßnahme ist als gerichtlich anfechtbarer Verwaltungsakt zu begreifen. Das wird auch durch die Rechtsprechung des Bundesverwaltungsgerichts bestätigt. Danach wird für das Vorliegen eines Verwaltungsakts ausdrücklich darauf abgestellt, ob die Aufsichtsgewalt als solche gegeben ist und nur eine Beanstandung der einzelnen Rüge als in der Sache nicht gerechtfertigt vorliegt[152]. Ferner sind nach dieser Rechtsprechung dienstliche Aufsichtsmaßnahmen dann keine Verwaltungsakte, wenn sie an einen der Weisung und Aufsicht unterliegenden einzelnen Beamten als Glied der Verwaltung ergehen[153]. Demgemäß liegt kein Verwaltungsakt vor, wenn sich die Anweisung auf eine an und für sich abstrakt gegebene Weisungsabhängigkeit stützen kann, mag sie auch im konkreten Fall den Erfordernissen einer Rechtmäßigkeit nicht entsprechen. Hingegen liegt ein Verwaltungsakt vor, wenn der Anweisende jemandem eine Weisung erteilt, der wie der Gerichtsvollzieher keiner sachlichen Weisungsgebundenheit unterliegt[154].

Hier ist ein Vergleich der Position des Gerichtsvollziehers gestattet mit der rechtlichen Stellung eines Selbstverwaltungsorgans, das sich desgleichen gegen als Verwaltungsakte zu begreifende Aufsichtsmaßnahmen mit der Klage zur Wehr setzen kann[155].

(b) Rechtswegzuständigkeit

Zweifelhaft ist, vor welchem Gericht der Gerichtsvollzieher sachliche Weisungen der Justizverwaltung anzufechten hat. Der Verwaltungs-

---

[151] s. oben IV 2 b.
[152] BVerwG NJW 1961, 935.
[153] BVerwG NJW 1962, 1313.
[154] Vgl. *Wolff* I, § 46 VII b, S. 338 f.; II, § 77 II h 1, S. 106.
[155] Vgl. mit Nachw. *Eyermann-Fröhler*, § 42 Rdnr. 53a; *Klinger*, S. 190; *Redeker-von Oertzen*, § 42 Rdnr. 33; *Schunck-De Clerck*, § 42 Anm. 2a, ii; *Ule*, VwGO, § 46 IV 5 a, S. 165; *Wolff* I, § 46 VII a, S. 337; II, § 77 II h 1, S. 106.

IV. Stellungnahme

rechtsweg ist in allen öffentlich-rechtlichen Streitigkeiten nichtverfassungsrechtlicher Art gegeben, soweit die Streitigkeit nicht durch Bundesgesetz einem anderen Gericht ausdrücklich zugewiesen ist (§ 40 Abs. 1 S. 1 VwGO). Über die Rechtmäßigkeit der Anordnungen, Verfügungen oder sonstiger Maßnahmen, die von den Justizbehörden zur Regelung einzelner Angelegenheiten auf den Gebieten des bürgerlichen Rechts einschließlich des Handelsrechts, des Zivilprozesses, der freiwilligen Gerichtsbarkeit und der Strafrechtspflege getroffen werden, entscheiden aber auf Antrag die ordentlichen Gerichte (§ 23 Abs. 1 S. 1 EGGVG). Damit ist es zunächst ungeklärt, ob Aufsichtsmaßnahmen der Justizverwaltung vor die Verwaltungs- oder vor die ordentlichen Gerichte gehören[156]. Es fragt sich, wie der Kreis dieser sogenannten Justizverwaltungsakte abzugrenzen ist und ob Aufsichtsmaßnahmen in der Sache selbst gegenüber Gerichtsvollziehern dazugehören.

Man könnte an eine Anordnung der Justizbehörde auf dem Gebiet des Zivilprozesses im Sinne von § 23 EGGVG deswegen denken, weil sich der Gerichtsvollzieher hier gegen Anweisungen richtet, die ihm die Verwaltung im Hinblick auf bestimmte Vollstreckungsmaßnahmen erteilt. Wesentlich ist jedoch, daß diese Verfügungen unter Berufung auf eine beamtenrechtliche Weisungsgebundenheit des Gerichtsvollziehers ergehen. Außerdem berühren sie den Gerichtsvollzieher in seiner besonderen amtlichen Position als weitgehend von Weisungen freigestelltes Sonderorgan. Verwaltungsakte, die dem Beamtenrecht zuzurechnen sind, gehören aber in den Verwaltungsrechtsweg[157]. Selbst wenn man aber an den genannten Aufsichtsverfügungen gewisse Auswirkungen zivilprozessualer Art feststellen will, so entfalten sie jedenfalls auch Wirkungen, die mit ihrem beamtenrechtlichen Bezug über die in § 23 EGGVG genannten Rechtsgebiete hinausgehen; auch für solche Verwaltungsakte sind die allgemeinen Verwaltungsgerichte zuständig[158]. In solchen Fällen liegen keine spezifisch justizmäßigen Verwaltungsakte vor, die nach den Intentionen des Gesetzgebers deswegen den ordentlichen Gerichten übertragen werden sollten, da diese über die für die Nachprüfung erforderlichen zivil- und strafrechtlichen Kenntnisse und Erfahrungen verfügen[159]. Erst recht hat eine Anfechtung im Verwaltungsrechtsweg zu erfolgen, wenn zum Anwendungsbereich von § 23 EGGVG Akte der eigentlichen Gerichtsverwaltung überhaupt nicht gehören, ins-

---

[156] Vgl. auch BVerwGE 11, 195 (197, 207 f.).

[157] *Eyermann-Fröhler*, § 179 Rdnr. 2, s. auch BVerwGE 25, 1; BVerwG NJW 1962, 1313.

[158] *Wolff* III, § 170 II c 10, S. 370.

[159] Vgl. unter Hinw. auf die Gesetzesmaterialien *Altenhain*, Die strafgerichtliche Rechtsprechung zum Rechtsschutz gegen Justizverwaltungsakte, JZ 1965, 756 (757); *Schunck-De Clerck*, § 40 Anm. 7 b, aa.

2. Organisations- und beamtenrechtliche Maßnahmen

besondere nicht Maßnahmen im Bereich der personellen Angelegenehiten und der Dienstaufsicht[160].

Nach alledem ist davon auszugehen, daß der Gerichtsvollzieher sachliche Weisungen der Justizverwaltung, die sich auf den Inhalt seiner konkreten Amtshandlungen beziehen, vor den allgemeinen Verwaltungsgerichten beim Vorliegen der nach allgemeinem Verwaltungsprozeßrecht weiter erforderlichen Voraussetzungen anfechten kann.

(c) Gegenvorstellung und Aufsichtsbeschwerde

Daneben stehen dem Gerichtsvollzieher gegenüber derartigen fachaufsichtsrechtlichen Weisungen nach allgemeinen Grundsätzen die formlosen Rechtsbehelfe einer Gegenvorstellung und einer Aufsichtsbeschwerde zur Verfügung[161].

---

[160] So *Lüke*, Die gerichtliche Nachprüfung von Justizverwaltungsakten, JuS 1961, 205 (207); *Wieczorek*, ZPO und GVG, Handausgabe, 2. Aufl., 1966, § 23 EG GVG Anm. 9 I a; *Wolff* I, § 19 III c, IV c i, § 46 II c, S. 87, 88 f., 328 f.; *Zöller*, § 23 EG GVG Anm. 1 b, bb; vgl. auch *Buchholz* (Herausgeber), Sammel- und Nachschlagewerk der Rechtsprechung des Bundesverwaltungsgerichts, Vorb. III zu § 42 VwGO, Verwaltungsakt Ziff. 1: Begriff, Nr. 32.

[161] s. oben IV 2 c (1) (c).

V. Kostenrecht

Es bleibt zu überlegen, inwieweit der Gerichtsvollzieher besonderen kostenrechtlichen Aufsichtsanordnungen unterliegt. Dabei ist weiter zu erwägen, ob solche Maßnahmen sich auf den Kostenpunkt zu beschränken haben oder ob sie darüber hinaus das Vorgehen des Gerichtsvollziehers in der Sache selbst berühren können.

1. Arten der Aufsicht

Auch im Kostenbereich sind wiederum Maßnahmen des Gerichts von denen der Justizverwaltung zu unterscheiden.

a) Gerichtliche Maßnahmen

Gerichtliche Aufsichtsmaßnahmen gegenüber dem Gerichtsvollzieher erscheinen nach den §§ 766 ZPO und 11 GVKostG möglich.

(1) Vollstreckungserinnerung (§ 766 ZPO)

Das Vollstreckungsgericht hat auch zu entscheiden, wenn die Erinnerung sich gem. § 766 Abs. 2 ZPO gegen den Kostenansatz des Gerichtsvollziehers (GVKostGr Nr. 5) oder gegen den von ihm verlangten Vorschuß (§ 5 GVKostG) richtet[162]. Auf eine solche Erinnerung hin kann das Vollstreckungsgericht im konkreten Fall einen unrichtigen Kostenansatz oder eine unrichtige Vorschußanforderung berichtigen bzw. den Gerichtsvollzieher anweisen, entsprechend der berichtigten Kostenrechtslage zu verfahren, z. B. im Fall von § 5 Satz 2 GVKostG ohne Vorschußleistung tätig zu werden. Insgesamt entspricht die kostenrechtliche Lage insoweit der rechtlichen Situation in der Hauptsache[163]. Wird eine Erinnerung nur wegen der Kosten erhoben, so beschränkt sich die Entscheidung des Vollstreckungsgerichts auf den Kostenpunkt, das Gericht darf also dann nicht in der Hauptsache selbst befinden, auch nicht, wenn es insoweit Rechtsfehler für gegeben ansieht. Denn eine vollstreckungsgerichtliche Fachaufsicht von Amts wegen gibt es nicht[164].

---

[162] s. oben zu Fn. 28; § 766 ZPO behandelt nur den Ansatz von Vollstreckungskosten, während Erinnerungen gegen Ansätze, die nicht Vollstreckungskosten betreffen, sich nach § 9 GVKostG richten.
[163] s. oben IV 1 a.
[164] s. oben IV 1 a.

1. Arten der Aufsicht

(2) Unrichtige Sachbehandlung (§ 11 GVKostG)

Wird wegen einer Vollstreckungshandlung des Gerichtsvollziehers nur der Kostenpunkt beanstandet, so ist gem. § 766 Abs. 2 ZPO Erinnerung einzulegen[165]. Liegt jedoch eine unrichtige Behandlung in der Hauptsache vor, z. B. eine eindeutig überflüssige Zuziehung von Hilfspersonen durch den Gerichtsvollzieher (vgl. § 758 Abs. 2 ZPO), so sind Kosten, die bei richtiger Behandlung der Sache nicht entstanden wären, gem. § 11 Abs. 1 GVKostG nicht zu erheben. Die entsprechende Anordnung trifft das Amtsgericht, in dessen Bezirk der Gerichtsvollzieher seinen Amtssitz hat, § 11 Abs. 2 GVKostG, sobald der Kostenschuldner einen diesbezüglichen Antrag stellt oder die Justizverwaltung den Vorgang zur Entscheidung vorlegt[166]. Auch im Falle des § 1 GVKostG findet eine Korrektur der Vollstreckungsmaßnahmen selbst nicht statt[167].

Wesentlich ist nun, unter welchen Voraussetzungen eine unrichtige Sachbehandlung im Sinne von § 11 Abs. 1 GVKostG anzunehmen ist. Nach dem Wortlaut der Vorschrift könnte jeder noch so geringfügige formelle oder materielle Rechtsfehler erfaßt werden. Gegenteiliges folgt jedoch aus der Entstehungsgeschichte sowie aus dem Sinn und Zweck von § 11 Abs. 1 GVKostG. Diese Norm entspricht wörtlich den §§ 7 Abs. 1 S. 1 GKG, 16 Abs. 1 S. 1 KostO. Für diese Bestimmungen ist es aber anerkannt, daß eine Unrichtigkeit nur vorliegt, wenn gegen eindeutige materiellrechtliche oder prozessuale Normen verstoßen wurde und der Verstoß offen zutage tritt oder bei offensichtlichem Versehen, insbesondere also, wenn eine völlig unhaltbare, einen offensichtlichen Rechtsverstoß enthaltene Rechtsansicht vertreten wird oder klare Verfahrensbestimmungen außer acht gelassen wurden. Ein Rechtsirrtum genügt also nur, wenn die vertretene Auffassung eindeutig einen offensichtlichen Gesetzesverstoß darstellt. Die bloße Abweichung von der h. M. reicht also nicht aus, wenn eine vertretbare Ansicht begründet dargelegt wird[168]. Die gegenteilige Auffassung zwänge zur Nichterhebung auch in

---

[165] s. oben V 1 a (1).
[166] Näheres zum Verfahren in Nr. 13 der GVKostGr.; § 11 GVKostG verdrängt als besondere Vorschrift den § 766 Abs. 2 ZPO, vgl. *Lauterbach*, § 11 GVKostG Anm. 2.
[167] Vgl. OLG Frankfurt, NJW 1959, 538; *Lauterbach*, § 7 GKG Anm. 2 A b.
[168] Vgl. mit Nachw. BGHZ 27, 170; LM Nr. 2 zu § 7 GKG; BGH NJW 1962, 2107; BGH JVBl. 1961, 67; *Beushausen-Küntzel-Kersten-Bühling*, KostO, 5. Aufl., 1965, § 16 Anm. 1; *Lauterbach*, § 7 GKG Anm. 2 A b; § 16 KostO Anm. 2 A; *Markl*, Gerichtskostengesetz, 1967, § 7 Anm. 3; *Rohs-Wedewer*, Kostenordnung, 2. Aufl., Stand: 30. 12. 1971, § 16 Anm. II a; a. A. *Korintenberg-Wenz-Ackermann-Lappe*, KostO, 7. Aufl., 1970, § 16 Anm. 2, die unter Berufung auf das heutige Staatsverständnis, das keine Vermutung der Richtigkeit für die „Obrigkeit" mehr anerkenne, jeden auch geringfügigen Rechtsfehler für ausreichend erachten.

allen den Fällen, in denen die höhere Instanz aus Rechtsgründen von der angefochtenen Entscheidung abweicht. Das läßt sich aber mit dem Sinn des Gesetzes nicht in Einklang bringen. Zudem schützt das Gesetz die Partei nicht unbedingt gegen jeden durch mangelhafte Behandlung entstandenen Schaden[169].

Diese einschränkenden Grundsätze gelten auch für die Amtstätigkeit des Gerichtsvollziehers, die nach § 11 GVKostG zu beurteilen ist. Denn es ist kein Anhaltspunkt für eine Schlechterstellung des Gerichtsvollziehers ersichtlich, zumal die für ihn maßgeblichen Normen den einschlägigen Bestimmungen des GKG und der KostO wörtlich nachgebildet sind.

Wann nach diesen Prinzipien von einer unrichtigen Sachbehandlung des Gerichtsvollziehers gesprochen werden kann, läßt sich abschließend nur im konkreten Einzelfall sagen, für den hier lediglich allgemeine Beurteilungskriterien aufgestellt werden können.

b) Maßnahmen der Justizverwaltung

Auch in kostenrechtlicher Hinsicht sind neben gerichtlichen Akten noch Maßnahmen der Justizverwaltung zu erwägen. In Betracht kommen wiederum dienst- und fachaufsichtsrechtliche Maßnahmen.

(1) Dienstaufsicht

Der normale Umfang der Dienstaufsicht erstreckt sich selbstverständlich auch auf Kostenangelegenheiten. Allerdings beschränkt sich jede Dienstaufsicht prinzipiell auf eine allgemeine Überwachung, berechtigt also nicht zu Einzelanweisungen im Hinblick auf konkrete Kostenansätze und Vorschußanforderungen[170]. Unter diesem Aspekt ist auch § 99 Nr. 1 lit. c GVO zu lesen, der als nähere Ausgestaltung dienstaufsichtsrechtlicher Befugnisse zu begreifen ist[171]. Wenn danach bei der Geschäftsprüfung besonders darauf zu achten ist, ob die Kosten richtig angesetzt und in das Dienstregister eingetragen sind, so wird damit lediglich eine dienstaufsichtsrechtliche Grundlage gegeben, allgemeine Rügen, Vorhaltungen, Hinweise usw. auszusprechen; nicht aber gibt § 99 Nr. 1 lit. c GVO der Dienstaufsicht das Recht, korrigierende Anordnungen für konkrete Kostenmaßnahmen zu erteilen. Entsprechendes gilt für § 99 Nr. 2 letzter Satz GVO, wonach bei jeder Geschäftsprüfung eine ausreichende Zahl von Sonderakten eingehend daraufhin zu prüfen ist, ob der Gerichtsvollzieher das Verfahren nach den bestehenden Bestimmungen sachgemäß durchgeführt hat.

---

[169] Vgl. mit Nachw. *Lauterbach*, § 7 GKG Anm. 2 A.
[170] s. oben IV 2 a (1).
[171] s. oben IV 2 a (1).

Teilweise wird § 99 GVO allerdings als Rechtsgrundlage für die Dienstaufsicht angesehen, die es ihr gestatte, nicht nur eine Prüfung des Kostenansatzes vorzunehmen, sondern darüber hinaus ggf. auf eine Berichtigung konkreter Kostenmaßnahmen hinzuwirken, so daß der Gerichtsvollzieher entsprechenden Weisungen zu folgen hätte[172]. Demgegenüber ist jedoch darauf hinzuweisen, daß die Geschäftsprüfung auch im Hinblick auf die Kosten eine Maßnahme der allgemeinen Dienstaufsicht darstellt. Demgemäß kann diese Prüfung des Kostenansatzes ebensowenig wie andere Maßnahmen der Dienstaufsicht zu Berichtigungen im konkreten Fall führen. Möglich ist vielmehr nur eine Kritik des bisherigen Vorgehens verbunden mit der Vorhaltung, für die Zukunft entsprechend der Kritik zu verfahren[173]. Es besteht kein Anlaß für die Annahme, daß der Kostenansatz des Gerichtsvollziehers im Rahmen von Dienstaufsichtsmaßnahmen anders zu behandeln wäre als das Verhalten des Gerichtsvollziehers in der Sache selbst[174]. Damit ist der Gerichtsvollzieher keinesfalls von einer konkreten Sachaufsicht in Kostenfragen freigestellt. Betrifft der Kostenansatz Vollstreckungshandlungen des Gerichtsvollziehers, so entscheidet auf eine Erinnerung des Betroffenen hin gem. § 766 Abs. 2 ZPO das Vollstreckungsgericht[175]. Bezieht der Kostenansatz sich auf andere Tätigkeiten des Gerichtsvollziehers, so ist die Erinnerung nach § 9 GVKostG gegeben. Bei unrichtiger Sachbehandlung greift § 11 GVKostG ein[176]. Zu erörtern sind ferner auch fachaufsichtsrechtliche Möglichkeiten der Gerichtsverwaltung[177].

(2) Fachaufsicht

Wegen des Kostenpunkts ist weiter nach einer verwaltungsmäßigen Fachaufsicht gegenüber dem Gerichtsvollzieher zu fragen. Über die Dienstaufsicht hinausgehend berechtigt eine gegebene Fachaufsicht auch zu korrigierenden Einzelanordnungen im konkreten Fall. Einer derartigen Gebundenheit unterliegt der Gerichtsvollzieher nicht als Vollstreckungsorgan wegen der von ihm eigenständig auszuführenden Vollstreckungsmaßnahmen. Das folgt aus der Selbständigkeit, die dem Gerichtsvollzieher in seiner Eigenschaft als Vollstreckungsorgan zukommt. Seine Position wird insoweit gerichtsverfassungs- und vollstreckungsrechtlich abschließend geregelt. Das besondere Dienstrecht der Gerichtsvollzieher und auch das allgemeine Beamtenrecht entsprechen diesen Anforderun-

---

[172] *Burkhardt*, § 105 GVO Anm. 4; *Sebode*, DGVZ 1964, 22.
[173] s. oben IV 2 a (1).
[174] Vgl. auch *Tschischgale*, Das Kostenrecht in Zivilsachen, 1951, S. 101.
[175] s. oben V 1 a (1).
[176] s. oben V 1 a (2).
[177] s. unten V 1 b (2).

gen[178]. Neben dem Statusrecht der zur Rechtspflege berufenen Amtsträger hat das Kostenrecht seit jeher eine gesonderte Regelung erfahren; das gilt auch für Gerichtsvollzieher. Heute sind insoweit das GVKostG, die GVKostGr[179] und die GVO maßgebend. Es fragt sich daher, ob diese kostenrechtlichen Bestimmungen ebenso eine selbständige Stellung des Gerichtsvollziehers vorsehen, wie dies bei den status- und vollstreckungsrechtlichen Regelungen der Fall ist.

Kostenrechtlich ist das Verhältnis von Gerichtsverwaltung und Gerichtsvollzieher nicht generell ausdrücklich bestimmt, insbesondere gibt es insoweit keine allgemeinen Normen über eine Selbständigkeit bzw. Abhängigkeit des Gerichtsvollziehers von der Verwaltung. Die Vorschriften der Kostenverfügung über eine Kostenprüfung (§§ 41 ff. DVKostG) insbesondere hinsichtlich einer Aufsicht über den Kostenansatz gelten nicht für den Gerichtsvollzieher, da sie sich nur an den gerichtlichen Kostenbeamten richten, § 41 DVKostG[180]; allgemeine Sonderbestimmungen, wie sie etwa für den Notar bestehen (§ 156 Abs. 5 KostO, § 56 DVKostG), gibt es nicht.

Bereits vor Erlaß der heute für Gerichtsvollzieher geltenden kostenrechtlichen Bestimmungen war es jedoch auch ohne Bestehen einer ausdrücklichen Bestimmung anerkannt, daß Gerichtsvollzieher in kostenmäßiger Hinsicht keine Sonderstellung einnehmen, sondern kostenrechtlich uneingeschränkt einer Fachaufsicht der Gerichtsverwaltung unterliegen im Sinne einer normalen beamtenrechtlichen Weisungsgebundenheit[181]. Schon deswegen wäre im heute für Gerichtsvollzieher geltenden Kostenrecht eine eindeutige Regelung zu erwarten gewesen, wenn vom früheren Rechtszustand hätte abgewichen werden sollen. Außerdem gibt es im Kostenrecht anders als im Vollstreckungsrecht und im Statusrecht für Gerichtsvollzieher keine Hinweise für eine eigenständige Position des Gerichtsvollziehers. Vielmehr liegen umgekehrt Einzelregelungen vor, die den Gerichtsvollzieher kostenrechtlich der Fachaufsicht der Gerichtsverwaltung unterstellen. So kennt § 9 GVKostG, der den Ansatz

---

[178] s. oben IV 2 b.

[179] Die GVKostGr sind Verwaltungsbestimmungen, die Gerichtsvollzieher und Verwaltungen binden, nicht aber Gerichte, vgl. *Lauterbach*, Grdz. vor § 1 GVKostG Anm. 1; *Schröder-Kay*, Das Kostenwesen der Gerichtsvollzieher, 1959, S. 44; *Wieczorek*, Nachträge, Anm. N V a 2; a. A. *Bauer*, Gerichtsvollzieherkostengesetz, 1958, Einl. Rdnr. 24.

[180] Vgl. auch *Mümmler*, Einwendungen des Gerichtsvollziehers bei einer Ermäßigung seines Kostenansatzes, DGVZ 1971, 33 (35).

[181] Allerdings wird dabei entsprechend der früheren Terminologie von Maßnahmen der Dienstaufsicht gesprochen, die nicht im heutigen Sinn von denen einer Fachaufsicht unterschieden werden, vgl. u. a. *Baumbach*, Die Reichskostengesetze, 7. Aufl., 1937, § 25 Anm. 1 a; *Sebode*, DGVZ 1954, 82; *Schröder*, Das Kostenwesen der Gerichtsvollzieher, 1938, § 25 GVGebO Anm. 2 c.

anderer als Vollstreckungskosten behandelt, in Verbindung mit dem in Bezug genommenen § 4 Abs. 4 GKG eine Berichtigung des Kostenansatzes im Verwaltungsweg[182]. Nach § 11 Abs. 3 GVKostG kann desgleichen eine Anordnung über die Nichterhebung von Kosten wegen unrichtiger Sachbehandlung im Verwaltungsweg getroffen werden[183]. Da der Begriff der Dienstaufsicht gesetzlich nicht definiert ist sowie vielfältig in der Praxis und selbst in normativen Bestimmungen als Bezeichnung für die Fachaufsicht verwendet wird[184], ist ferner daran zu denken, daß § 99 Nr. 1 lit. c GVO, wonach die Geschäftsprüfung sich u. a. insbesondere auf den Kostenansatz zu erstrecken hat, nicht nur als dienstaufsichts-, sondern darüber hinaus auch als fachaufsichtsrechtliche Ermächtigung zu verstehen ist. Dafür sprechen auch Formulierungen in den GVKostGr Nr. 11 und 13, welche die nach heutigem Verständnis eindeutig fachaufsichtsrechtlichen Befugnisse der Gerichtsverwaltung nach den §§ 9 und 11 GVKostG als Möglichkeiten der Dienstaufsicht des Dienstvorgesetzten bezeichnen. Schließlich gibt es in einigen Bundesländern Verwaltungsvorschriften über eine Stundung und einen Erlaß von Kosten durch die Gerichtsverwaltung, die uneingeschränkt eine Nachprüfung und ggf. eine Berichtigung des Kostenansatzes vorsehen[185]. Dementsprechend wird es auch heute trotz Fehlens einer ausdrücklichen und allgemeinen Regelung über die Fachaufsicht gegenüber dem Gerichtsvollzieher in Kostenfragen, die man am ehesten in Nr. 5 der GVKostGr, die den Kostenansatz des Gerichtsvollziehers regelt[186], oder sogar in § 4 GVKostG erwartet hätte, bis in die jüngste Zeit nicht ernsthaft bestritten, daß der Gerichtsvollzieher in kostenrechtlicher Hinsicht uneingeschränkt weisungsgebunden einer Fachaufsicht der Justizverwaltung unterliegt[187]. Auch insoweit wird allerdings regelmäßig noch von angeblich dienstaufsichtsrechtlichen Weisungen gesprochen.

---

[182] Zum Verfahren s. GVKostGr Nr. 11.
[183] Zum Verfahren s. GVKostGr Nr. 13.
[184] s. oben zu Fn. 66.
[185] Z. B. in Berlin: AV v. 25. 3. 1959, ABl. Berlin S. 451; regelmäßig wird die Verwaltung Gebührenanteile und Auslagen, die dem Gerichtsvollzieher zufließen, von einer Niederschlagung ausnehmen; davon abgesehen muß der Gerichtsvollzieher einen derartigen gleichsam „gnadenweisen" Erlaß hinnehmen; sein Gebührenanteil ist ihm von vornherein nur unter diesem Vorbehalt gewährt, vgl. *Schröder*, Einl. S. 6; Auslagen erhält er teilweise aus der Landeskasse ersetzt, § 11 Nr. 4 GVO, s. *Schröder-Kay*, S. 44.
[186] Zum Kostenansatz des Gerichtsvollziehers vgl. *Herzig*, Die Kostenrechnung des Gerichtsvollziehers, JurBüro 1969, 298.
[187] *Buchner*, Die Mitteilungspflicht des Gerichtsvollziehers und ihre Auswirkungen auf das Gebiet des Kostenrechts und der Dienstaufsicht, Der Gerichtsvollzieher, August 1971, 1 (7); *Burkhardt*, § 105 Anm. 4; *Mümmler*, DGVZ 1971, 33 (35); *Sebode*, DGVZ 1964, 22; *Seip*, Die Mitteilungspflicht des Gerichtsvollziehers und ihre Auswirkungen auf das Gebiet des Kostenrechts und der Dienstaufsicht, Der Gerichtsvollzieher, November 1971, 1 (3).

Klarzustellen bleibt aber, daß derartige fachaufsichtsrechtliche Maßnahmen der Verwaltung sich auf den Kostenansatz zu beschränken haben und keinesfalls auf die vollstreckungsrechtliche Tätigkeit des Gerichtsvollziehers selbst übergreifen dürfen, da insoweit eben keine weisungsgebundene Abhängigkeit von der Justizverwaltung besteht.

c) Verhältnis von Gerichts- und Verwaltungsmaßnahmen

Kostenberichtigende Verfügungen der Justizverwaltung sind nur möglich, solange noch keine gerichtlichen Entscheidungen vorliegen, § 11 Abs. 3 S. 1 GVKostG, Nr. 11 Abs. 1 GVKostGr; diesen Bestimmungen wohnt ein entsprechender allgemeiner Grundsatz inne[188].

Im Fall einer Nichterhebung von Gerichtsvollzieherkosten wegen unrichtiger Sachbehandlung kann eine im Verwaltungsweg getroffene Anordnung der Nichterhebung nur im Verwaltungsweg geändert werden, § 11 Abs. 3 S. 2 GVKostG; das ordentliche Gericht kann dies nicht mehr ändern, während der Verwaltungsrechtsweg selbstverständlich unberührt bleibt. Die in § 11 Abs. 3 S. 2 GVKostG enthaltene Regelung gibt jedoch kein allgemeines Prinzip wieder, wie bereits die §§ 4 Abs. 4 GKG, 14 Abs. 5 KostO zeigen.

2. Rechtsmittel des Gerichtsvollziehers

Da der Gerichtsvollzieher neben seinen Dienstbezügen Anteile von den Gebühren erhält, die er vereinnahmt hat, sowie als Aufwandsentschädigung die von ihm vereinnahmten Auslagen behalten darf (§§ 10, 11 GVO), ist es für ihn von wesentlicher Bedeutung, welche Rechtsbehelfe ihm gegen gerichtliche oder verwaltungsmäßige Entscheidungen über eine Herabsetzung der von ihm angesetzten Kosten zustehen.

a) Beschwerde gegen gerichtliche Entscheidungen

Kostenherabsetzende Entscheidungen des Gerichts kommen nach den §§ 766 ZPO, 5 und 11 GVKostG in Betracht[189].

(1) § 766 ZPO

Gegen Entscheidungen des Vollstreckungsgerichts über Erinnerungen steht auch betroffenen Dritten die sofortige Beschwerde nach den §§ 793, 577 ZPO zu[190].

---

[188] Vgl. §§ 4 Abs. 4, 7 Abs. 2 S. 2 GKG, 14 Abs. 5, 16 Abs. 2 S. 2 KostO; s. auch *Mümmler*, DGVZ 71, 35; a. A. für den Fall von § 5 GVKostG *Schröder-Kay*, Das Kostenwesen der Gerichtsvollzieher, 4. Aufl., 1959, § 5 Anm. 14.

[189] § 9 GVKostG behandelt hier nicht zur Erörterung stehende Kostenansätze, die nicht Vollstreckungskosten betreffen.

2. Rechtsmittel des Gerichtsvollziehers

(a) Meinungsstand

Dem Gerichtsvollzieher wird eine Beschwerdebefugnis abgesprochen, soweit es um seine Vollstreckungstätigkeit selbst geht, hingegen überwiegend zugebilligt, soweit er wegen einer Herabsetzung der Kosten persönlich betroffen ist. Zur Begründung heißt es zunächst zutreffend, in der Hauptsache scheide eine Beschwerde des Gerichtsvollziehers aus, da die Entscheidung des Vollstreckungsgerichts sich insoweit als eine die Amtsführung des Gerichtsvollziehers regelnde aufsichtsrechtliche Anweisung besonderer Art darstellte[191], die den Gerichtsvollzieher nicht in seiner persönlichen Rechtsstellung beeinträchtigte. Zum Kostenpunkt wird hingegen regelmäßig eine persönliche Betroffenheit und damit eine Beschwerdebefugnis des Gerichtsvollziehers angenommen, wenn das Vollstreckungsgericht seinen Kostenansatz ermäßigt, weil sich das auf die Höhe seiner persönlichen Einnahmen auswirke, zu denen auch Gebührenanteile und Auslagen gehörten[192]. Diese Rechtsprechung ist auch unter der Geltung des GVKostG aus dem Jahre 1957 unter Billigung des überwiegenden Schrifttums fortgeführt worden[193]. Demgegenüber wird dem Gerichtsvollzieher vereinzelt ein Beschwerderecht versagt, da nach dem GVKostG nicht mehr er persönlich, sondern der Staat Gläubiger der Kostenforderung sei, so daß auch eine kostenrechtliche persönliche Betroffenheit des Gerichtsvollziehers ausscheide[194]; soweit der Gerichtsvollzieher sich benachteiligt fühle, stehe es ihm frei, den Dienstaufsichtsweg zu beschreiten und notfalls seinen Dienstherrn vor dem Verwaltungsgericht zu verklagen; im übrigen sei es dem Bürger, der für Gerichtsvollzieherkosten in Anspruch genommen werde, auch gar nicht zuzumuten, sich mit zwei Gläubigern auseinanderzusetzen,

---

[190] Vgl. mit Nachw. *Baumbach-Lauterbach*, § 793 Anm. 2 c; *Schönke-Baur*, § 42, 3, S. 177; *Stein-Jonas-Münzberg*, § 793 Anm. II; s. zur dogmatischen Struktur insoweit J. *Blomeyer*, Die Erinnerungsbefugnis Dritter in der Mobiliarzwangsvollstreckung, 1966, S. 42 f.

[191] Vgl. auch oben IV 1 a); s. dazu ferner J. *Blomeyer*, S. 21.

[192] RG JW 1884, 299; 1899, 160; pr.JMBl. 1895, 121; SeuffA 46 Nr. 238; BayObLG SeuffA 50, 140; OLG Marienwerder, SeuffA 50 Nr. 63; OLG Königsberg, OLGRspr. 1, 79; KG OLGRspr. 4, 364; OLG Braunschweig, OLGRspr. 25, 157; OLG Oldenburg, NdsRpfl. 1955, 35; vgl. auch § 46 Abs. 5 pr.GVO vom 23. 3. 1914 (pr.JMBl. S. 289).

[193] OLG München, DGVZ 1965, 154; LG Verden, MDR 1966, 1010; LG Aschaffenburg, DGVZ 1971, 38; *Baumbach-Lauterbach*, § 766 Anm. 5 A a, c; § 793 Anm. 2 c; *Buchner*, Der Gerichtsvollzieher, August 1971, 7; *Burkhardt*, §§ 57 ff. GVGA Anm. 5; *Mümmler*, DGVZ 1971, 34; *Sebode*, DGVZ 1964, 18 f., 22; *Stein-Jonas-Münzberg*, § 793 Anm. II, III; *Thomas-Putzo*, § 766 Anm. 8 b; *Wieczorek*, § 766 Anm. D, E II; § 793 Anm. B II c; *Zöller*, § 766 Anm. 11; § 793 Anm. 1.

[194] *Bauer*, Gerichtsvollzieherkostengesetz, 1958, § 9 Rdnr. 2; § 11 Rdnr. 9; *Lauterbach*, GVKostG, § 5 Anm. 3 b; § 9 Anm. 2; *Noack*, Die Folgerungen für die Dienstaufsicht aus der beamtenrechtlichen Stellung des Gerichtsvollziehers, JVBl. 1967, 154 (157); *Schröder-Kay*, § 5 Anm. 13b; § 9 Anm. 2 a.

nämlich der Staatskasse und dem Gerichtsvollzieher[195]. Diese Argumente greifen jedoch nicht durch.

(b) Kritik

Richtig ist, daß nach dem GVKostG die Staatskasse Gläubiger der Kostenforderung ist. Es heißt nicht mehr wie in der früheren GVGebO, daß der Gerichtsvollzieher Gebühren erhält, vielmehr werden Kosten erhoben (§§ 1, 2 GVKostG), und zwar für die Staatskasse, GVKostGr Nr. 1[196]. Insoweit besteht jedoch kein entscheidender Unterschied zur früheren Rechtslage. In der Tat erschien[197] der Gerichtsvollzieher nach dem Wortlaut der früheren Bestimmungen in den §§ 4—8, 10—12, 20 GVGebO selbst als Gläubiger der Gebühren und Auslagen. Von dieser Rechtslage geht auch der inzwischen bedeutungslos gewordene[198] § 34 ZPO aus, wenn er für Klagen der Gerichtsvollzieher wegen Gebühren und Auslagen einen besonderen Gerichtsstand gibt. Entsprechendes galt für den insoweit bereits geänderten § 124 Abs. 1 ZPO, der eine Beitreibung von Gebühren und Auslagen für den Gerichtsvollzieher persönlich vorsah[199]. Aber in § 27 Abs. 1 Nr. 2 GVGebO war den Ländern vorbehalten, den Gerichtsvollziehern anstelle der Gebühren und Auslagen eine anderweitige Vergütung zu gewähren, und davon haben alle Länder Gebrauch gemacht[200].

Demgemäß wurden die in der GVGebO vorgesehenen Gebühren und Auslagen bereits lange Zeit vor Erlaß des GVKostG zugunsten der Staatskasse erhoben[201], die den Gerichtsvollzieher dafür an den vereinnahmten Kosten zu beteiligen hatte[202]. So war es schon unter der Geltung der GVGebO völlig unbestritten, daß der in diesem Gesetz vorgesehene Kostenanspruch für die Staatskasse erhoben wurde[203]. Die Neuregelung des GVKostG brachte also im Hinblick auf die Gläubigerstel-

---

[195] *Lappe* in *Tschischgale-Luetgebrune-Lappe*, Kostenrechtsprechung, GVKostG, Anm. zu § 9 Nr. 3.

[196] Vgl. auch die Amtl. Begr. zum GVKostG zu A II 3, B § 1 Nr. 1, BR-Drucks. Nr. 138/56.

[197] So die betont vorsichtige Ausdrucksweise der Amtl. Begr. (Fn. 196) zu A II 3.

[198] Vgl. u. a. *Baumbach-Lauterbach*, § 34 Anm. 1 A d.

[199] Dazu *Baumbach-Lauterbach*, § 124 Vorb. zu Anm. 1.

[200] Vgl. für das ehemalige Preußen § 28 Nr. 1 pr. GVO (Fn. 192), aufgehoben durch AV des Berliner Senators für Justiz vom 7. 12. 1954 (ABl. Berlin, S. 1505); s. ferner die AV des RJM vom 4. 3. 37 (DJ 377).

[201] § 28 Abs. 2, 3 pr. GVO (Fn. 192); s. auch die Motive zu § 27 GVGebO, abgedruckt bei *Schröder*, § 27 Anm. 1; vgl. auch § 788 ZPO und § 1 Abs. 1 Nr. 4 JBeitrO vom 11. 3. 1937 (RGBl. I S. 298).

[202] Amtl. Begr. (Fn. 196) zu A II 3.

[203] *Baumbach*, vor § 1 GVGebO Anm. 1; *Schröder*, Einl. S. 3; *Tschischgale*, S. 98.

2. Rechtsmittel des Gerichtsvollziehers

lung der Staatskasse keine materielle Rechtsänderung, sondern lediglich eine formale Anpassung an bereits früher eingetretene Veränderungen der Verhältnisse.

Auch nach Übergang der Kostengläubigerstellung vom Gerichtsvollzieher auf die Staatskasse wurde an der Beschwerdeberechtigung des Gerichtsvollziehers festgehalten[204]. Außerdem hatte der Gerichtsvollzieher jede gerichtliche Entscheidung über eine Kostenherabsetzung dem Amtsgerichtspräsidenten vorzulegen, der ihn im Interesse der Staatskasse zur Erhebung der Beschwerde anweisen konnte, § 55 Abs. 5 pr.GVO[205].

Wenn weiter gegen eine Beschwerdeberechtigung geltend gemacht wird, soweit der Gerichtsvollzieher sich durch die Entscheidung des Vollstreckungsgerichts über die Erinnerung beschwert fühle, stehe ihm der Dienstaufsichtsweg und notfalls die verwaltungsgerichtliche Klage gegen seinen Dienstherrn zur Verfügung[206], so ist dem Gerichtsvollzieher damit nicht gedient. Wenn das Vollstreckungsgericht den Kostenansatz rechtskräftig ermäßigt, so wirkt sich das auch zum Nachteil des Gerichtsvollziehers aus, da er gem. den §§ 10, 11 Nr. 1 und 3 GVO nur Anteile von den Kosten erhält, die er rechtswirksam eingezogen hat. Für einen Schadensersatzanspruch wegen Nichteinlegung der sofortigen Beschwerde gegen die Kostenherabsetzung durch die Justizverwaltung wird regelmäßig keine Erfolgsaussicht bestehen, da bei einem vertretbaren Absehen von der Einlegung eines Rechtsmittels kein Verschulden gegeben ist. Für den Erfolg einer verwaltungsgerichtlichen Klage ist ohnehin kein Anhaltspunkt ersichtlich.

Unbeachtlich ist schließlich der Einwand, es sei dem Bürger nicht zuzumuten, sich im Beschwerdeverfahren mit zwei Personen, nämlich der Staatskasse und dem Gerichtsvollzieher auseinanderzusetzen[207]. Denn

---

[204] Vgl. insoweit die Nachw. in Fn. 192; nicht überzeugend hierzu allerdings KG OLG 4, 364 und *Mümmler*, DGVZ 1971, 34, wenn sie weiterhin im Verhältnis zum Kostenschuldner von einer Gebührenberechtigung des Gerichtsvollziehers ausgehen und daraus die Beschwerdebefugnis des Gerichtsvollziehers ableiten; denn damit wird die Bedeutung von § 27 Nr. 2 GVGebO verkannt, der die Länder ermächtigt, *anstelle* der gesetzlich vorgesehenen Gebühren und Auslagen eine andere Vergütung der Gerichtsvollzieher vorzusehen. Wenn die Kosten demgemäß von den Gerichtsvollziehern für die Staatskasse erhoben wurden (§ 28 Abs. 2, 3 pr.GVO [Fn. 192]), so erhielten die Gerichtsvollzieher damit lediglich ein Einziehungsmandat nach Art einer Prozeßstandschaft, ohne daß ihnen eine materielle Anspruchsberechtigung wegen der Kosten verblieb. Dementsprechend konnte der Gerichtsvollzieher einmal aus eigenem Recht Beschwerde erheben und zum anderen im Verwaltungsweg angewiesen werden, im Interesse der Staatskasse Beschwerde einzulegen, vgl. *Schröder*, § 25 Anm. 2 a u. c.

[205] s. zu Fn. 192.
[206] s. oben zu Fn. 195.
[207] s. oben zu Fn. 195.

diese Situation ist im Verfahren über eine sofortige Beschwerde des § 793 ZPO durchaus nicht ungewöhnlich. Bei einer dem Schuldner günstigen Entscheidung über die Erinnerung ist nämlich nicht nur der Gläubiger beschwerdeberechtigt, sondern auch jeder sonst in seinen Rechten betroffene Dritte.

(c) Eigene Auffassung

Nach alledem kommt es allein darauf an, ob der Gerichtsvollzieher durch eine kostenmindernde Entscheidung des Vollstreckungsgerichts derart beeinträchtigt wird, wie es das auch für § 793 ZPO vorauszusetzende Rechtsmittelerfordernis einer Beschwer verlangt. Diese Frage ist bislang weder von der eine Beschwer bejahenden h. M., noch von der abweichenden Gegenauffassung zureichend erörtert worden.

Wie die für ein Rechtsmittel vorauszusetzende Beschwer beschaffen sein muß, ist umstritten[208]. Teilweise wird eine sogenannte formelle Beschwer verlangt, die in der Person desjenigen vorliegt, der mit seinem vorinstanzlichen Antrag mehr verlangt hatte, als die anzufechtende Entscheidung ihm zubilligt. Andere lassen eine sogenannte materielle Beschwer genügen, die dann gegeben ist, wenn die anzufechtende Entscheidung den Rechtsmittelführer benachteiligt. Da die Beschwerdebefugnis im Fall des § 793 ZPO nach einhelliger Auffassung auch am Erinnerungsverfahren nicht beteiligten Dritten zustehen kann[209], kommt für die Beschwer eines derartigen Dritten nur eine Betrachtungsweise nach den Prinzipien der sogenannten materiellen Beschwer in Betracht[210]. Es gelten also hier Grundsätze, deren Anwendung zunehmend für alle prozessualen Rechtsmittel befürwortet wird[211]. Auszugehen ist also davon, ob der Gerichtsvollzieher durch eine kostenermäßigende Entscheidung des Vollstreckungsgerichts benachteiligt wird.

Eine Schlechterstellung liegt sicherlich darin, daß der Gerichtsvollzieher im Umfang der Herabsetzung keine Kostenanteile erhält. Nun genügt selbst bei einem sehr weiten Verständnis der Beschwer nicht jeder Nachteil, insbesondere nicht jede ideelle oder wirtschaftliche Benachteiligung. Denn sonst würde diese Rechtsmittelvoraussetzung ufer-

---

[208] Vgl. mit Nachw. *Baumbach-Lauterbach*, Grundzüge vor § 511 Anm. 3 A; *Rosenberg-Schwab*, § 137 II 3, S. 706; *Stein-Jonas-Grunsky*, Allg. Einl. vor § 511 Anm. V.

[209] s. oben Fn. 190; ferner *Stein-Jonas-Grunsky*, § 567 Anm. IV 2.

[210] Vgl. auch J. *Blomeyer*, S. 42.

[211] *Bettermann*, Die Beschwer als Rechtsmittelvoraussetzung im deutschen Zivilprozeß, ZZP 82, 24 (44); *Brox*, Die Beschwer als Rechtsmittelvoraussetzung, ZZP 81, 379 (383, 400); *Ohndorf*, Die Beschwer und die Geltendmachung der Beschwer als Rechtsmittelvoraussetzungen im deutschen Zivilprozeßrecht, 1972, S. 83, 87.

los ausgedehnt und damit unpraktikabel; auch dient der Gerichtsweg nicht dem Schutz jedweder Interessen, sondern nur solchen, die eine rechtliche Verfestigung erfahren haben. Wesentlich ist vielmehr, ob die Wirkung der anzufechtenden Entscheidung dem Rechtsmittelführer, also dem Gerichtsvollzieher einen *rechtlichen* Nachteil bringt[212]. Demgemäß kommt es also darauf an, ob der kostenmindernde Beschluß des Vollstreckungsgerichts die Rechtsstellung des Gerichtsvollziehers verschlechtert, wenn er unangefochten bleibt und damit rechtskräftig wird.

Ohne die Kostenermäßigung hätte der Gerichtsvollzieher einen Anspruch darauf, an den Kosten entsprechend dem von ihm erstellten Kostenansatz beteiligt zu werden, §§ 10 Nr. 1, 11 GVO. Erwächst die kostenherabsetzende Entscheidung in Rechtskraft, so ermäßigt sich sein Beteiligungsanspruch dementsprechend, da er die Kosten nur nach Maßgabe der gerichtlichen Entscheidung vom Schuldner einziehen kann und gem. §§ 10 Nr. 1, 11 GVO nur an den wirklich vereinnahmten Kosten beteiligt wird. Ob man diese dem Gerichtsvollzieher nachteilige Entscheidungswirkung als Gestaltungs- oder aber als Tatbestandswirkung der Gerichtsentscheidung begreift[213], kann auf sich beruhen bleiben, da in beiden Fällen eine zur Bejahung der Beschwer ausreichende rechtliche Benachteiligung des Gerichtsvollziehers gegeben ist[214].

Festzuhalten bleibt, daß die sofortige Beschwerde des § 793 ZPO in Kostensachen gem. § 567 Abs. 2 ZPO einen Beschwerdewert von 50,— DM voraussetzt[215], und daß eine weitere sofortige Beschwerde ausgeschlossen ist, § 568 Abs. 3 ZPO. Hervorzuheben ist ferner, daß der Gerichtsvollzieher für den Fall einer Zurückweisung der Beschwerde die Kosten des Beschwerdeverfahrens persönlich zu tragen hat[216].

(2) § 5 GVKostG

Bezieht sich die Erinnerung des § 766 ZPO auf einen Vorschuß, von dessen Zahlung der Gerichtsvollzieher die Vollstreckungshandlung gem. § 5 GVKostG abhängig macht, so kann der Gerichtsvollzieher gegen vorschußherabsetzende Entscheidungen des Vollstreckungsgerichts sofortige Beschwerde nach § 793 ZPO einlegen. Ein Beschwerdewert von

---

[212] *Brox*, ZZP 81, 406; Ohndorf, S. 111 mit Nachw.
[213] Vgl. zur dogmatischen Unterscheidung beider Wirkungen im Erinnerungsverfahren *J. Blomeyer*, S. 89 ff.
[214] Vgl. allgemein zur Bedeutung von Gestaltungs- und Tatbestandswirkung für die Beschwer *Brox*, ZZP 81, 390, 393; Ohndorf, S. 147, 153.
[215] Für eine diese Beschränkung durchbrechende gesetzliche Neuregelung in Fragen grundsätzlicher Bedeutung vgl. mit Nachw. *Mümmler*, DGVZ 1971, 34 f.
[216] Vgl. schon *Schröder*, § 25 GVGebO Anm. 2 a; *Tschischgale*, S. 102; entgegen *Lappe*, (Fn. 195) bedarf es im Hinblick auf § 97 ZPO insoweit keiner besonderen gesetzlichen Bestimmung.

50,— DM ist hier nicht erforderlich, da es sich nicht um eine Kostenbeschwerde, sondern um einen normalen Rechtsbehelf im Rahmen des Vollstreckungsverfahrens handelt[217]. Dementsprechend ist auch eine weitere Beschwerde nicht nach § 568 Abs. 3 ZPO ausgeschlossen.

(3) § 11 GVKostG

Gegen die Anordnung des Amtsgerichts, in dessen Bezirk der Gerichtsvollzieher seinen Amtssitz hat, daß Kosten wegen unrichtiger Sachbehandlung nicht zu erheben sind (§ 11 Abs. 1, 2 S. 1 GVKostG), kann der Gerichtsvollzieher gem. § 11 Abs. 2 S. 2 GVKostG Beschwerde erheben. Es handelt sich um die einfache unbefristete Beschwerde der §§ 567, 568 Abs. 1 ZPO. Allerdings liegt eine Kostenbeschwerde im Sinne von § 567 Abs. 2 ZPO vor, so daß ein Beschwerdewert von 50,— DM erforderlich ist und eine weitere Beschwerde nicht stattfindet; das folgt eindeutig aus der Verweisung auf § 4 Abs. 2 GKG in § 11 Abs. 2 S. 3 GVKostG[218].

b) Rechtsbehelfe gegen Maßnahmen der Justizverwaltung

Die Justizverwaltung kann kostenerhebliche Maßnahmen im Rahmen der Dienstaufsicht sowie der Fachaufsicht treffen.

(1) *Dienstaufsicht*

Gegen Dienstaufsichtsmaßnahmen der Justizverwaltung in Kostenangelegenheiten stehen dem Gerichtsvollzieher nach allgemeinen organisations- und verwaltungsrechtlichen Grundsätzen Gegenvorstellung und Dienstaufsichtsbeschwerde zu[219], auch kann er notfalls im Anschluß an eine erfolglose Remonstration durch Gehorsamsverweigerung disziplinargerichtlichen Rechtsschutz erzwingen. Die Dienstaufsichtsmaßnahme selbst kann er hingegen auch in Kostenangelegenheiten nicht im Wege der gerichtlichen Klage angreifen[220].

(2) *Fachaufsicht*

Während der Gerichtsvollzieher bei seinen eigentlichen vollstreckungsrechtlichen Amtshandlungen keiner verwaltungsmäßigen Fachaufsicht unterliegt[221], ist er in Kostenfragen uneingeschränkt weisungsabhängig.

---

[217] *Baumbach-Lauterbach,* § 766 Anm. 5 A a; *Lauterbach,* § 5 GVKostG Anm. 3b; *Schröder-Kay,* § 5 Anm. 13 b.

[218] Vgl. *Lauterbach,* § 11 GVKostG Anm. 2; *Schröder-Kay,* § 11 Anm. 4.

[219] Vgl. *Baumbach-Lauterbach,* § 766 Anm. 3 C; *Burkhardt,* § 105 GVO Anm. 4; *Lauterbach,* § 5 GVKostG Anm. 3 c; *Mümmler,* DGVZ 1971, 35; *Schröder,* § 25 Anm. 2 c; *Schröder-Kay,* § 5 Anm. 14; *Sebode,* DGVZ 1954, 84; ders., DGVZ 1964, 22.

[220] s. oben IV 2 c (1).

2. Rechtsmittel des Gerichtsvollziehers

Es fragt sich, ob das auch für die dem Gerichtsvollzieher zustehenden Rechtsbehelfe von Bedeutung ist.

(a) Gerichtliche Klage

Fachaufsichtsrechtliche Kostenmaßnahmen werden gegenüber dem Gerichtsvollzieher durch dienstliche Weisungen der Justizverwaltung vollzogen, z. B. durch Berichtigungsverfügung oder Rückzahlungsordnung. Derartige Sachanweisungen sind grundsätzlich gerichtlich nicht anfechtbar[222]. Innerdienstliche Anordnungen sind jedoch als Verwaltungsakte anfechtbar, wenn sich ihre Rechtswirkungen nicht auf die Stellung des Gerichtsvollziehers als Amtsträger beschränken, sondern auf seine Position als eine dem Dienstherrn gegenüber mit selbständigen Rechten gegenüberstehende Rechtspersönlichkeit auswirken[223]. Eine derartige Berechtigung steht dem Gerichtsvollzieher wegen seiner kostenmäßigen Beteiligungsrechte zu; es kann insoweit für verwaltungsrechtliche Rechtsmittel nichts anderes gelten als für zivilprozessuale Rechtsbehelfe[224]. Demgemäß stellen sich kostenermäßigende Aufsichtsmaßnahmen der Justizverwaltung als für den Gerichtsvollzieher vor Gericht anfechtbare belastende Verwaltungsakte dar[225].

Fraglich ist, nach welchen Normen sich die Rechtswegzuständigkeit für die Geltendmachung der Anfechtungsklage richtet. Da es sich um eine beamtenrechtliche Angelegenheit im Bereich der Justizverwaltung handelt, scheiden die Sonderbestimmungen der §§ 23 ff. EGGVG aus[226]. Aus entsprechenden Gründen kommen auch die speziellen Bestimmungen von Art XI § 1 KostÄndG nicht in Betracht. Denn es liegt nicht im Sinne dieser Norm ein Verwaltungsakt vor, der im Bereich der Justizverwaltung beim Vollzug des GVKostG ergeht, sondern eine Maßnahme, die sich auf beamtenrechtliche Grundlagen stützt und den Gerichtsvollzieher in seiner beamten- und besoldungsrechtlichen Stellung beeinträchtigt[227]; kostenrechtliche Bestimmungen berühren diese Angelegenheit nur mittelbar als Vorfrage, scheiden somit also für die Bestimmung der Rechtswegzuständigkeit aus. Die Anfechtungsklage ist also bei den Verwaltungsgerichten zu erheben (§ 40 Abs. 1 S. 1 VwGO).

---

[221] s. oben IV 2 b.
[222] s. oben IV 2 c (2) (a).
[223] s. oben IV 2 c (1) (a).
[224] Dazu oben V 2 a (1).
[225] Ebenso *Mümmler*, DGVZ 1971, 35 f., der allerdings terminologisch noch in überkommener Weise nicht von Fach- sondern von Dienstaufsicht spricht.
[226] s. oben IV 2 c (2) (b); weiter *Mümmler*, DGVZ 1971, 36 f. mit Vorschlägen für eine gesetzliche Neuregelung; s. ferner §§ 126 BRRG, 179 LBG Berlin.
[227] *Mümmler*, DGVZ 1971, 36; a. A. AG Aachen, DGVZ 1971, 38; wohl auch *Lappe* (Fn. 195).

(b) Gegenvorstellung und Aufsichtsbeschwerde

Daneben stehen dem Gerichtsvollzieher gegenüber verwaltungsmäßigen Kosten- oder Vorschußermäßigungen im Fachaufsichtsweg nach allgemeinen Grundsätzen die formlosen Rechtsbehelfe einer Gegenvorstellung und einer Aufsichtsbeschwerde zur Verfügung[228].

Läßt der Gerichtsvollzieher kostenberichtigende Anordnungen unangefochten und befolgt er sie gleichwohl nicht, so können sie ihm gegenüber notfalls durch beamtenrechtliche Disziplinarmaßnahmen erzwungen werden[229]. Insoweit sieht die Landesdisziplinarordnung Berlin für den disziplinarmäßig betroffenen Gerichtsvollzieher besondere Rechtsbehelfe vor.

---

[228] s. oben IV 2 c (1) (c).
[229] Vgl. *Mümmler*, DGVZ 1971, 35; *Schröder*, § 25 Anm. 2 c; *Schröder-Kay*, § 5 Anm. 14.

VI. Zusammenfassung in Thesen

1. Das Vollstreckungsgericht kann dem Gerichtsvollzieher auf eine Erinnerung hin Einzelanordnungen erteilen, insbesondere ihn zur Vornahme bestimmter Maßnahmen anweisen. Dagegen ist das Vollstreckungsgericht nicht befugt, dem Gerichtsvollzieher Vorausanweisungen zu geben oder gar anstelle des Gerichtsvollziehers zu handeln. Soweit dem Gerichtsvollzieher ein Ermessensspielraum zusteht, findet keine richterliche Kontrolle statt.

Gegen vollstreckungsgerichtliche Einzelanweisungen in der Sache selbst steht dem Gerichtsvollzieher keine Beschwerde zu.

2. Der Gerichtsvollzieher untersteht der Dienstaufsicht des aufsichtsführenden Amtsrichters und derjenigen Stellen, die diesem übergeordnet sind. Die Dienstaufsicht erstreckt sich aber nur auf die allgemeine Überwachung der Geschäftsführung, berechtigt also nicht dazu, dem Gerichtsvollzieher Einzelanweisungen für konkrete Vollstreckungshandlungen zu erteilen.

Dienstaufsichtsmaßnahmen im eigentlichen Sinn, insbesondere Rügen, Vorhaltungen, Beanstandungen usw. sind gerichtlich nicht anfechtbar. Insoweit kann der Gerichtsvollzieher nur nach erfolgloser Gegenvorstellung durch Gehorsamsverweigerung disziplinargerichtlichen Rechtsschutz erzwingen.

3. Der Gerichtsvollzieher unterliegt keiner fachaufsichtsrechtlichen Weisungsgebundenheit der Jusitzverwaltung, die sich auf den konkreten Inhalt seiner Vollstreckungsgeschäfte bezieht. Gleichwohl ergehende fachaufsichtsrechtliche Einzelanordnungen können verwaltungsgerichtlich angefochten werden.

4. Kostenrechtliche Aufsichtsmaßnahmen können niemals zu einer Korrektur von Amtshandlungen des Gerichtsvollziehers in der Sache selbst führen.

Die Erinnerung an das Vollstreckungsgericht ist auch wegen des Kostenansatzes und des Vorschusses des Gerichtsvollziehers zulässig. Daneben erstreckt sich die Dienstaufsicht gegenüber dem Gerichtsvollzieher auf Kostenangelegenheiten. Die Selbständigkeit des Gerichtsvollziehers beschränkt sich auf die Vollstreckungshandlung selbst, umfaßt also nicht die Kostenfrage; wegen des Kostenansatzes sind daher fachaufsichtsrechtliche Einzelanweisungen der Justizverwaltung, insbesondere Korrekturanordnungen erlaubt.

Wird der Gerichtsvollzieher durch kostenrechtliche Maßnahmen persönlich betroffen, so steht ihm gegenüber Entscheidungen des Gerichts die (sofortige) Beschwerde, gegenüber Verwaltungsakten der Justizverwaltung die verwaltungsgerichtliche Klage zu; Dienstaufsichtsmaßnahmen sind auch in Kostenfragen keine gerichtlich anfechtbaren Verwaltungsakte.

Anhang

In diesem Anhang sind die wichtigsten in dieser Studie behandelten gesetzlichen Bestimmungen und Verwaltungsvorschriften aufgeführt.

In der linken Spalte ist jeweils angegeben, auf welchen Seiten der Arbeit die aufgeführten Vorschriften erörtert werden.

GVG

14, 26 (Fn. 60)   § 22   (Amtsrichter)
(1) Den Amtsgerichten stehen Einzelrichter vor.
(2) ...
(3) Die allgemeine Dienstaufsicht kann von der Landesjustizverwaltung dem Präsidenten des übergeordneten Landgerichts übertragen werden. Geschieht dies nicht, so ist wenn das Amtsgericht mit mehreren Richtern besetzt ist, einem von ihnen von der Landesjustizverwaltung die allgemeine Dienstaufsicht zu übertragen.
(4)—(5) ...

18   § 154   (Gerichtsvollzieher)
Die Dienst- und Geschäftsverhältnisse der mit den Zustellungen, Ladungen und Vollstreckungen zu betrauenden Beamten (Gerichtsvollzieher) werden bei dem Bundesgerichtshof durch den Bundesminister der Justiz, bei den Landesgerichten durch die Landesjustizverwaltung bestimmt.

GVO

12, 19   § 1   Rechtsstellung des Gerichtsvollziehers
Der Gerichtsvollzieher ist Beamter im Sinne des Beamtenrechts.

12, 20, 28   § 2   Dienstbehörde
Nr. 1. Dienstbehörde des Gerichtsvollziehers ist das Amtsgericht, bei dem er beschäftigt ist.
Nr. 2. Unmittelbarer Dienstvorgesetzter des Gerichtsvollziehers ist der aufsichtführende Richter des Amtsgerichts.

32, 50, 53, 55   § 10   Allgemeines
Nr. 1. Der Gerichtsvollzieher erhält neben den Dienstbezügen, die ihm nach dem Besoldungs-

		recht zustehen, widerruflich Anteile von den Gebühren, die er vereinnahmt hat, sowie bestimmte Entschädigungen zum Ersatz barer Auslagen. Nr. 2. ...
50, 53, 55	§ 11	Entschädigung Nr. 1. Von den Gebühren, die der Gerichtsvollzieher vereinnahmt hat, erhält er Gebührenanteile in der von der obersten Landesjustizbehörde festgesetzten Höhe. Nr. 2.—5. ...
11 (Fn. 2)	§ 24	Nr. 1. Welche Aufträge der Gerichtsvollzieher auszuführen hat, wird durch die Gesetze sowie durch Verwaltungsanordnungen der obersten Landesjustizbehörde bestimmt. Nr. 2.—3. ...
29, 32	§ 45	Allgemeines Nr. 1. Der Gerichtsvollzieher regelt seinen Geschäftsbetrieb nach eigenem pflichtmäßigem Ermessen, soweit hierüber keine besonderen Bestimmungen bestehen. Nr. 2. ...
12, 20, 28	§ 96	Ordentliche Geschäftsprüfung Nr. 1. Der aufsichtführende Richter des Amtsgerichts oder ein besonders bestimmter Beamter des gehobenen Justizdienstes überprüft die Geschäftsführung des Gerichtsvollziehers vierteljährlich. ... Nr. 2. ...
12, 46 f., 49	§ 99	Zweck und Durchführung der Geschäftsprüfung Nr. 1. Die Prüfung soll feststellen, ob der Gerichtsvollzieher seine Dienstgeschäfte während des Prüfungszeitraums ordnungsmäßig erledigt hat. Sie umfaßt daher den gesamten Inhalt der Geschäftsbücher und Akten. Bei der Prüfung ist besonders darauf zu achten, ob ... c) die Kosten richtig angesetzt und eingetragen sind, ... Nr. 2.—4. ...
12, 20, 28	§ 101	Maßnahmen der Dienstaufsicht Gibt eine Geschäftsprüfung Anlaß zu Beanstandungen oder Bedenken hinsichtlich der Geschäftsführung, so trifft die Dienstbehörde die erforderlichen Maßnahmen. Es empfiehlt sich, die bei den Geschäftsprüfungen gewonnenen Erfahrungen auch zu Hinweisen an die anderen Gerichtsvollzieher zu verwerten.

Anhang

GVGA

21, 33 f.

§ 1 Zweck der Geschäftsanweisung

Das Bundes- und Landesrecht bestimmt, welche Dienstverrichtungen dem Gerichtsvollzieher obliegen und welches Verfahren er dabei zu beachten hat.

Diese Geschäftsanweisung soll dem Gerichtsvollzieher das Verständnis der gesetzlichen Vorschriften erleichtern. Sie erhebt keinen Anspruch auf Vollständigkeit und befreit den Gerichtsvollzieher nicht von der Verpflichtung, sich eine genaue Kenntnis der Bestimmungen aus dem Gesetz selbst anzueignen.

Die Beachtung der Vorschriften dieser Geschäftsanweisung gehört zu den Amtspflichten des Gerichtsvollziehers.

12, 21, 29, 33 f.

§ 58 Selbständiges Handeln des Gerichtsvollziehers

Nr. 1. Bei der ihm zugewiesenen Zwangsvollstreckung handelt der Gerichtsvollzieher selbständig. Er unterliegt hierbei zwar der Aufsicht, aber nicht der unmittelbaren Leitung des Gerichts. Er prüft die Voraussetzungen für die Zulässigkeit der Zwangsvollstreckung und der einzelnen Vollstreckungshandlungen selbständig. Z. B. prüft er vor einer Pfändung in selbständiger Verantwortung insbesondere, ob eine Sache Zubehör oder wesentlicher Bestandteil einer anderen Sache ist, ob der Schuldner Alleingewahrsam hat, ob ein Dritter nur Besitzdiener für den Schuldner ist, ob eine Sache der Pfändung nicht unterworfen ist, ob bei Leistungen Zug um Zug die anzubietende Gegenleistung zur Erfüllung geeignet ist usw.
Nr. 2. ...

GVKostG

25, 44, 50, 55

§ 5 Vorschuß

Die Amtshandlung kann von der Zahlung eines Vorschusses, der die voraussichtlichen Kosten deckt, abhängig gemacht werden. Dies gilt nicht, wenn der Auftrag vom Gericht erteilt wird oder dem Auftraggeber das Armenrecht bewilligt ist. § 9 Abs. 3 Satz 2 des Arbeitsgerichtsgesetzes bleibt unberührt.

25, 47-49, 50 (Fn. 189)

§ 9 Erinnerungen

Für Erinnerungen des Kostenschuldners oder der Staatskasse gegen den Ansatz von Gerichtsvollzieherkosten gilt, soweit nicht nach § 766 Abs. 2 der Zivilprozeßordnung das Vollstreckungsgericht zuständig ist, § 4 des Gerichtskostengesetzes entsprechend. Zuständig ist das Amtsgericht, in des-

		sen Bezirk der Gerichtsvollzieher seinen Amtssitz hat.
25, 45-47, 49 f., 56	§ 11	**Nichterhebung von Kosten wegen unrichtiger Sachbehandlung**
		(1) Kosten, die bei richtiger Behandlung der Sache nicht entstanden wären, sind nicht zu erheben.
		(2) Die Anordnung trifft das Amtsgericht, in dessen Bezirk der Gerichtsvollzieher seinen Amtssitz hat. Gegen die Entscheidung ist die Beschwerde zulässig. § 4 Abs. 2, 3 des Gerichtskostengesetzes gilt entsprechend.
		(3) Solange nicht das Gericht entschieden hat, kann die Anordnung im Verwaltungsweg getroffen werden. Eine im Verwaltungsweg getroffene Anordnung kann nur im Verwaltungsweg geändert werden.

GVKostGr

25 (Fn. 57), 52	Nr. 1	
		(1) Die Gerichtsvollzieherkosten (GV-Kosten) werden für die Landeskasse erhoben.
		(2)—(4) ...
44, 49	Nr. 5	
		(1) Der Gerichtsvollzieher stellt über jede gebührenpflichtige Amtshandlung in seinen Akten eine Kostenrechnung auf. ...
		(2)—(5) ...
44, 49	Nr. 11	
		(1) Solange eine gerichtliche Entscheidung oder eine Anordnung im Dienstaufsichtswege nicht ergangen ist, hat der Gerichtsvollzieher auf Erinnerung oder auch von Amts wegen unrichtige Kostenansätze richtigzustellen (vgl. Nr. 5 Abs. 4). Soweit der Gerichtsvollzieher einer Erinnerung abhilft, wird sie gegenstandslos.
		(2) Hilft der Gerichtsvollzieher einer Erinnerung des Kostenschuldners nicht oder nicht in vollem Umfang ab, so legt er sie mit den Vorgängen dem Bezirksrevisor vor. Dieser prüft, ob der Kostenansatz im Verwaltungsweg zu ändern ist oder ob Anlaß besteht, für die Landeskasse ebenfalls Erinnerung einzulegen. Soweit der Erinnerung nicht abgeholfen wird, veranlaßt er, daß sie mit den Vorgängen unverzüglich dem Gericht vorgelegt wird.
		(3) Alle gerichtlichen Entscheidungen über Kostenfragen hat der Gerichtsvollzieher dem zuständigen Bezirksrevisor mitzuteilen, sofern die-

45 (Fn. 166), 49		Nr. 13

ser nicht nach Absatz 2 an dem Verfahren beteiligt war.

Nr. 13

(1) Beantragt der Kostenschuldner, GV-Kosten wegen unrichtiger Sachbehandlung nicht zu erheben, so hat der Gerichtsvollzieher darüber nicht zu befinden. Er legt die Vorgänge unverzüglich mit einer dienstlichen Äußerung seinem unmittelbaren Dienstvorgesetzten (§ 3 Nr. 1 GVO) vor. Dieser beteiligt den Bezirksrevisor und ordnet entweder die Nichterhebung der Kosten nach § 11 Abs. 3 im Verwaltungsweg an oder legt die Vorgänge mit der Äußerung des Gerichtsvollziehers dem Amtsgericht (§ 11 Abs. 2 Satz 1) zur Entscheidung vor.

(2) Stellt der Gerichtsvollzieher selbst fest, daß GV-Kosten durch unrichtige Sachbehandlung entstanden sind, so gilt Absatz 1 Satz 2 entsprechend. Liegt nach Ansicht des Dienstvorgesetzten keine unrichtige Sachbehandlung vor, so vermerkt er dies und gibt die Vorgänge an den Gerichtsvollzieher zurück.

ZPO

25, 55 f. **§ 567 (Zulässigkeit der Beschwerde)**

(1) Das Rechtsmittel der Beschwerde findet in den in diesem Gesetz besonders hervorgehobenen Fällen und gegen solche eine mündliche Verhandlung nicht erfordernde Entscheidungen statt, durch die ein das Verfahren betreffendes Gesuch zurückgewiesen ist.

(2) Die Beschwerde gegen Entscheidungen über Kosten, Gebühren und Auslagen ist nur zulässig, wenn der Wert des Beschwerdegegenstandes fünfzig Deutsche Mark übersteigt.

(3) ...

21, 25, 55 f. **§ 568 (Zuständigkeit; weitere Beschwerde)**

(1) Über die Beschwerde entscheidet das im Rechtszuge zunächst höhere Gericht.
(2) ...
(3) Entscheidungen der Landgerichte über Prozeßkosten unterliegen nicht der weiteren Beschwerde.

11, 31 **§ 753 (Vollstreckung durch Gerichtsvollzieher; Vollstreckungsantrag)**

(1) Die Zwangsvollstreckung wird, soweit sie nicht den Gerichten zugewiesen ist, durch Gerichtsvollzieher durchgeführt, die sie im Auftrag des Gläubigers zu bewirken haben.
(2) ...

12, 15 f., 21-26, 29 f., 33, 36, 44 f., 47, 50, 55	§ 766	(Erinnerung gegen Art und Weise der Zwangsvollstreckung) (1) Über Anträge, Einwendungen und Erinnerungen, welche die Art und Weise der Zwangsvollstreckung oder das vom Gerichtsvollzieher bei ihr zu beobachtende Verfahren betreffen, entscheidet das Vollstreckungsgericht. Es ist befugt, die im § 732 Abs. 2 bezeichneten Anordnungen zu erlassen. (2) Dem Vollstreckungsgericht steht auch die Entscheidung zu, wenn ein Gerichtsvollzieher sich weigert, einen Vollstreckungsauftrag zu übernehmen oder eine Vollstreckungshandlung dem Auftrag gemäß auszuführen, oder wenn wegen der von dem Gerichtsvollzieher in Ansatz gebrachten Kosten Erinnerungen erhoben werden.
12, 21, 25, 50, 54 f.	§ 793	(Sofortige Beschwerde) Gegen Entscheidungen, die im Zwangsvollstreckungsverfahren ohne mündliche Verhandlung ergehen können, findet sofortige Beschwerde statt.
	BRRG	
19, 30, 31 (Fn. 101), 33, 35 f., 40	§ 37	(Weisungsgebundenheit) Der Beamte hat seine Vorgesetzten zu beraten und zu unterstützen. Er ist verpflichtet, die von ihnen erlassenen Anordnungen auszuführen und ihre allgemeinen Richtlinien zu befolgen. Dies gilt nicht für Beamte, die nach besonderer gesetzlicher Vorschrift an Weisungen nicht gebunden und nur dem Gesetz unterworfen sind.
38-40	§ 38	(Verantwortung für die Rechtmäßigkeit; Bedenken) (1) Der Beamte trägt für die Rechtmäßigkeit seiner dienstlichen Handlungen die volle persönliche Verantwortung. (2) Bedenken gegen die Rechtmäßigkeit dienstlicher Anordnungen hat der Beamte unverzüglich auf dem Dienstwege geltend zu machen. Bestätigt ein höherer Vorgesetzter die Anordnung, so muß der Beamte sie ausführen und ist von der eigenen Verantwortung befreit; dies gilt nicht, wenn das dem Beamten aufgetragene Verhalten strafbar und die Strafbarkeit für ihn erkennbar ist oder das ihm aufgetragene Verhalten die Würde des Menschen verletzt. (3) ...
21 (Fn. 34)	§ 45	(Nichterfüllung von Pflichten als Dienstvergehen) (1) Der Beamte begeht ein Dienstvergehen, wenn er schuldhaft die ihm obliegenden Pflichten verletzt. ... (2)—(3) ...

40	§ 60	(Kein Ausschluß des Beschwerdeweges)

Bei Anträgen und Beschwerden des Beamten darf der Beschwerdeweg zu seiner obersten Dienstbehörde nicht ausgeschlossen werden.

LBG Berlin

Auf die entsprechenden Bestimmungen der anderen LBG wird jeweils hingewiesen.

19	§ 1	Geltungsbereich

Dieses Gesetz gilt für die Landesbeamten, soweit nicht für einzelne Beamte oder Beamtengruppen etwas anderes gesetzlich bestimmt ist.

19	§ 2	Beamtenverhältnis

(1) Landesbeamter ist, wer zum Land Berlin oder zu einer landesunmittelbaren Körperschaft, Anstalt oder Stiftung des öffentlichen Rechts in einem öffentlich-rechtlichen Dienst- und Treueverhältnis (Beamtenverhältnis) steht.

(2) ...

Vgl. Fn. 21

19 f., 33, 37	§ 5	Dienstvorgesetzter und Vorgesetzter

(1) Dienstvorgesetzter ist, wer, ohne oberste Dienstbehörde oder Dienstbehörde zu sein, für beamtenrechtliche Entscheidungen zuständig ist. Wer Dienstvorgesetzter ist, bestimmt

1. im Bereich der Hauptverwaltung: das zuständige Senatsmitglied; es kann die Befugnis auf nachgeordnete Behörden übertragen,

2.—5. ...

(2) Vorgesetzter ist, wer einem Beamten für seine dienstliche Tätigkeit Anordnungen erteilen kann.

Vgl. Fn. 23

19, 30, 31 (Fn. 101), 33, 35 f., 40	§ 21	Befolgung dienstlicher Anordnungen

Der Beamte hat seine Vorgesetzten zu beraten und zu unterstützen. Er ist verpflichtet, die von ihnen erlassenen Anordnungen auszuführen und ihre allgemeinen Richtlinien zu befolgen, sofern es sich nicht um Fälle handelt, in denen er nach besonderer gesetzlicher Vorschrift an Weisungen nicht gebunden und nur dem Gesetz unterworfen ist.

Vgl. Fn. 16

38-40	§ 22	Verantwortlichkeit

(1) Der Beamte trägt für die Rechtmäßigkeit seiner dienstlichen Handlungen die volle persönliche Verantwortung.

(2) Bedenken gegen die Rechtmäßigkeit dienstlicher Anordnungen hat der Beamte unverzüglich bei seinem unmittelbaren Vorgesetzten geltend zu machen. Wird die Anordnung aufrechterhalten, so hat sich der Beamte, wenn seine Bedenken gegen die Rechtmäßigkeit fortbestehen, an den nächsthöheren Vorgesetzten zu wenden. Bestätigt der nächsthöhere Vorgesetzte die Anordnung, so muß der Beamte sie ausführen und ist von der eigenen Verantwortung befreit. Die Bestätigung hat auf Verlangen schriftlich zu erfolgen. Satz 3 gilt nicht, wenn das dem Beamten aufgetragene Verhalten strafbar und die Strafbarkeit für ihn erkennbar ist oder das ihm aufgetragene Verhalten die Würde des Menschen verletzt.

(3) ...

Vgl. Fn. 131

21 (Fn. 34) § 41 Dienstvergehen

(1) Der Beamte begeht ein Dienstvergehen, wenn er schuldhaft die ihm obliegenden Pflichten verletzt. ...

(2)—(3) ...

Vgl. Fn. 34

40 § 178 Beschwerden

(1) Der Beamte kann Anträge und Beschwerden vorbringen; hierbei hat er den Dienstweg einzuhalten. Der Beschwerdeweg bis zur obersten Dienstbehörde steht offen.

(2)—(3) ...

Vgl. Fn. 143

Verordnung zur einheitlichen Regelung der Gerichtsverfassung vom 20. 3. 1935

Zur Rechtslage in den Ländern Baden-Württemberg, Bayern, Bremen, Niedersachsen und Hamburg

vgl. Fn. 29, 30

20, 32 (Fn. 102) § 13 Die Präsidenten der Gerichte, die aufsichtführenden Amtsrichter, ..., die Leiter der Staatsanwaltschaften und die Vorsteher der Gefangenenanstalten haben nach näherer Anordnung des Reichsministers der Justiz die ihnen zugewiesenen Geschäfte der Justizverwaltung zu erledigen. Sie werden im Falle der Behinderung in diesen Geschäften durch ihren ständigen Vertreter vertreten und können die ihrer Dienstaufsicht unterstellten Beamten zu den Geschäften der Justizverwaltung heranziehen.

Vgl. Fn. 102

26 (Fn. 60)	§ 14	(1) Die Dienstaufsicht üben aus

1. Der Reichsminister der Justiz über sämtliche Gerichte, Staatsanwaltschaften und Gefangenenanstalten,
2. (weggefallen),
3. der Oberlandesgerichtspräsident und der Landgerichtspräsident über die Gerichte ihres Bezirks,
4. der aufsichtführende Amtsrichter über das Amtsgericht,
5. (gegenstandslos),
6. der Generalstaatsanwalt beim Oberlandesgericht und der Oberstaatsanwalt beim Landgericht über die Staatsanwaltschaften, der Generalstaatsanwalt auch über die Gefangenenanstalten des Bezirks,
7. der Vorsteher des badischen Notariats, der Leiter der Amtsanwaltschaft und der Vorsteher der Gefangenenanstalt über die unterstellte Behörde.

(2) Dem Landgerichtspräsidenten steht die Dienstaufsicht über ein mit einem Präsidenten besetztes Amtsgericht nicht zu.

(3) ...

Vgl. Fn. 60

§ 15 Die Dienstaufsicht über eine Behörde erstreckt sich zugleich auf die bei ihr angestellten oder beschäftigten Beamten, Angestellten und Arbeiter.
...

Gleichlautend die in BW gültige Fassung; ähnlich Art. 39 Abs. 1 BayAGGVG, § 25 Abs. 1 BreAGGVG, § 24 Abs. 1 Satz 1 HmbAGGVG; vgl. § 11 NdsAGGVG

20, 26 (Fn. 60), 28	§ 16	(1) Wer die Dienstaufsicht über einen Beamten ausübt, ist Dienstvorgesetzter des Beamten.

(2) In der Dienstaufsicht liegt die Befugnis, die ordnungswidrige Ausführung eines Amtsgeschäfts zu rügen und zu seiner sachgemäßen Erledigung zu ermahnen.

Vgl. Fn. 25, 33

31	§ 17	(1) Beschwerden in Angelegenheiten der Justizverwaltung werden im Dienstaufsichtsweg erledigt.

(2) ...

VwGO

42, 57	§ 40	(Zulässigkeit des Rechtsweges, Generalklausel)

(1) Der Verwaltungsrechtsweg ist in allen öffentlich-rechtlichen Streitigkeiten nichtverfassungs-

Anhang

rechtlicher Art gegeben, soweit die Streitigkeiten nicht durch Bundesgesetz einem anderen Gericht ausdrücklich zugewiesen sind. ...

(2) ...

§ 114 (Nachprüfung von Ermessensentscheidungen)

Soweit die Verwaltungsbehörde ermächtigt ist, nach ihrem Ermessen zu handeln, prüft das Gericht auch, ob der Verwaltungsakt oder die Ablehnung oder Unterlassung des Verwaltungsaktes rechtswidrig ist, weil die gesetzlichen Grenzen des Ermessens überschritten sind oder von dem Ermessen in einer dem Zweck der Ermächtigung nicht entsprechenden Weise Gebrauch gemacht ist.

EGGVG

§ 23 (Rechtsweg bei Justizverwaltungsakten)

(1) Über die Rechtmäßigkeit der Anordnungen, Verfügungen oder sonstigen Maßnahmen, die von den Justizbehörden zur Regelung einzelner Angelegenheiten auf den Gebieten des bürgerlichen Rechts einschließlich des Handelsrechts, des Zivilprozesses, der freiwilligen Gerichtsbarkeit und der Strafrechtspflege getroffen werden, entscheiden auf Antrag die ordentlichen Gerichte. Das gleiche gilt für Anordnungen, Verfügungen oder sonstige Maßnahmen der Vollzugsbehörden im Vollzug der Freiheitsstrafen, der Maßregeln der Sicherung und Besserung, des Jugendarrestes und der Untersuchungshaft.

(2) Mit dem Antrag auf gerichtliche Entscheidung kann auch die Verpflichtung der Justiz- oder Vollzugsbehörde zum Erlaß eines abgelehnten oder unterlassenen Verwaltungsaktes begehrt werden.

(3) Soweit die ordentlichen Gerichte bereits auf Grund anderer Vorschriften angerufen werden können, behält es hierbei seine Bewenden.

KostÄndG

Art. XI Schlußvorschriften

§ 1 Anfechtung von Verwaltungsakten

(1) Verwaltungsakte, die im Bereich der Justizverwaltung beim Vollzug des Gerichtskostengesetzes, der Kostenordnung, des Gerichtsvollzieherkostengesetzes, des Gesetzes über die Entschädigung von Zeugen und Sachverständigen, des Gesetzes über die Entschädigung der ehrenamtlichen Beisitzer bei den Gerichten (jetzt: Gesetz über die Entschädigung der ehrenamtlichen Richter) oder sonstiger für gerichtliche Verfahren oder

Anhang

Verfahren der Justizverwaltung geltender Kostenvorschriften, insbesondere hinsichtlich der Einforderung oder Zurückzahlung ergehen, können durch einen Antrag auf gerichtliche Entscheidung auch dann angefochten werden, wenn es nicht ausdrücklich bestimmt ist. Der Antrag kann nur darauf gestützt werden, daß der Verwaltungsakt den Antragsteller in seinen Rechten beeinträchtige, weil er rechtswidrig sei. Soweit die Verwaltungsbehörde ermächtigt ist, nach ihrem Ermessen zu befinden, kann der Antrag nur darauf gestützt werden, daß die gesetzlichen Grenzen des Ermessens überschritten seien, oder daß von dem Ermessen in einer dem Zweck der Ermächtigung nicht entsprechenden Weise Gebrauch gemacht worden ist.

(2) Über den Antrag entscheidet das Amtsgericht, in dessen Bezirk die für die Einziehung oder Befriedigung des Anspruchs zuständige Kasse ihren Sitz hat. ...

Literaturverzeichnis

Altenhain: Die strafgerichtliche Rechtsprechung zum Rechtsschutz gegen Justizverwaltungsakte, JZ 1965, S. 756

Bauer: Gerichtsvollzieherkostengesetz, 1958

Bauer-Schröder-Kay: Die Zwangsvollstreckung im allgemeinen, 1939

Baumbach: Die Reichskostengesetze, 7. Aufl., 1937

Baumbach-Lauterbach: Zivilprozeßordnung, 30. Aufl., 1970

Baur: Freiwillige Gerichtsbarkeit, 1955

Bernhardt: Das Zivilprozeßrecht, 3. Aufl., 1968

Bettermann: Die Beschwer als Rechtsmittelvoraussetzung im deutschen Zivilprozeß, ZZP 82, 24

Beushausen-Küntzel-Kersten-Bühling: Kostenordnung, 5. Aufl., 1965

Blomeyer, A.: Zur Lehre vom Pfändungspfandrecht, von Lübtow-Festschrift, 1970, S. 803

Blomeyer, J.: Die Erinnerungsbefugnis Dritter in der Mobiliarzwangsvollstreckung, 1966

Blomeyer, K.: Zwangsvollstreckung, 2. Aufl., 1956

De Boor-Erkel: Zwangsvollstreckung, Konkurs und Vergleich, 2. Aufl., 1962

Brox: Die Beschwer als Rechtsmittelvoraussetzung, ZZP 81, 379

Bruns: Zwangsvollstreckungsrecht, 1963

Buchner: Die Mitteilungspflicht des Gerichtsvollziehers und ihre Auswirkungen auf das Gebiet des Kostenrechts und der Dienstaufsicht, Der Gerichtsvollzieher, August 1971, S. 1

Burkhardt: Handbuch für den Gerichtsvollzieher, Stand: Dezember 1971

Dütz: Rechtsstaatlicher Gerichtsschutz im Privatrecht, 1970

Eberhardt: Die Erteilung von Abschriften des gem. § 762 ZPO aufzunehmenden Protokolls durch Gerichtsvollzieher, DGVZ 1971, S. 17

Eickmann-Riedel: Kommentar zum Rechtspflegergesetz, 1970

Eyermann-Fröhler: Verwaltungsgerichtsordnung, 5. Aufl., 1971

Fischbach: Bundesbeamtengesetz, 3. Aufl., 1964

Goldschmidt: Zivilprozeßrecht, 2. Aufl., 1922

Literaturverzeichnis

Herzig: Die Kostenrechnung des Gerichtsvollziehers, JurBüro 1969, S. 298

Huber: Die Versteigerung gepfändeter Sachen, 1970

Jansen: Die freiwillige Gerichtsbarkeit, 2. Aufl., Bd. 1, 1969, Bd. 3, 1971

Kabisch: Einige Hinweise zu der in § 808 Abs. 2 ZPO aufgeworfenen Frage der Belassung gepfändeter beweglicher Habe im Gewahrsam des Schuldners, DGVZ 1967, S. 1

Kern: Gerichtsverfassungsrecht, 4. Aufl., 1965

— Reformgedanken über die Stellung und Aufgaben des Gerichtsvollziehers, ZZP 80, S. 325

Klinger: Verwaltungsgerichtsordnung, 2. Aufl., 1964

Köhler: Ist der Gerichtsvollzieher weisungsbedürftig?, Der Gerichtsvollzieher, März 1972, S. 2

Korintenberg-Wenz-Ackermann-Lappe: Kostenordnung, 7. Aufl., 1970

Lauterbach: Kostengesetze, 16. Aufl., 1971

Lent-Jauernig: Zwangsvollstreckungs- und Konkursrecht, 12. Aufl., 1972

Löwe-Rosenberg: Die Strafprozeßordnung und das Gerichtsverfassungsgesetz, 21. Aufl., 2. Bd., 1965

Lüke: Die Gerichtliche Nachprüfung von Justizverwaltungsakten, JuS 1961, S. 205

Markl: Gerichtskostengesetz, 1967

Messer: Die freiwillige Leistung des Schuldners in der Zwangsvollstreckung, 1966

Mümmler: Einwendungen des Gerichtsvollziehers bei einer Ermäßigung seines Kostenansatzes, DGVZ 1971, S. 33

Nikisch: Zivilprozeßrecht, 2. Aufl., 1952

Noack: Die Folgerungen für die Dienstaufsicht aus der beamtenrechtlichen Stellung des Gerichtsvollziehers, JVBl. 1967, S. 154

— Dienstaufsicht und Amtstätigkeit des Gerichtsvollziehers, DGVZ 1970, S. 65

— Die Vollstreckungspraxis, 5. Aufl., 1970

— Mängel der Zwangsvollstreckung und Erinnerung, DGVZ 1971, S. 49

Ohndorf: Die Beschwer und die Geltendmachung der Beschwer als Rechtsmittelvoraussetzungen im deutschen Zivilprozeßrecht, 1972

Ossenbühl: Verwaltungsvorschriften und Grundgesetz, 1968

Pikart-Henn: Lehrbuch der freiwilligen Gerichtsbarkeit, 1963

Piller-Herrmann: Justizverwaltungsvorschriften, Stand: Januar 1972

Plog-Wiedow: Kommentar zum Bundesbeamtengesetz, Stand: August 1971

Rasch: Die staatliche Verwaltungsorganisation, 1967

Redeker-von Oertzen: Verwaltungsgerichtsordnung, 4. Aufl., 1971

Rieken: Zweck, Umfang und Grenzen der Geschäftsprüfung bei Gerichtsvollziehern, JVBl. 1964, S. 134

Rohs-Wedewer: Kostenordnung, 2. Aufl., Stand: 30. 12. 1971

Rosenberg: Lehrbuch des deutschen Zivilprozeßrechts, 9. Aufl., 1961

Rosenberg-Schwab: Lehrbuch des deutschen Zivilprozeßrechts, 10. Aufl., 1969

Säcker: Der Streit um die Rechtsnatur des Pfändungspfandrechts, JZ 1971, S. 156

Sattelmacher-Lentz: Das Gerichtsvollzieherwesen in Preußen, 1930

Sauerländer: Der deutsche Gerichtsvollzieher, Judicium (Vierteljahresschrift für die gesamte Zivilrechtspflege), Bd. 1 (1928/29), S. 88

Schieler: Standespolitische Fragen der Gerichtsvollzieher, DGVZ 1968, S. 1

Schmidt-Räntsch: Deutsches Richtergesetz, 1962

Schnapp: Die vorgreifliche Anordnung der Aufsichtsbehörde in der Sozialversicherung, BKK 1966, S. 67

Schönke-Baur: Zwangsvollstreckungs-, Konkurs- und Vergleichsrecht, 8. Aufl., 1969

Schönke-Kuchinke: Zivilprozeßrecht, 9. Aufl., 1969

Schönke-Schröder-Niese: Lehrbuch des Zivilprozeßrechts, 8. Aufl., 1956

Schröder: Das Kostenwesen der Gerichtsvollzieher, 1938

Schröder-Kay: Das Kostenwesen der Gerichtsvollzieher, 4. Aufl., 1959

Schüler: Die eigenverantwortliche Stellung des Gerichtsvollziehers als selbständiges Vollstreckungsorgan und seine Pflicht zur Unparteilichkeit, DGVZ 1970, S. 145

— Die Stellung des Gerichtsvollziehers in unserer Zeit, Der Gerichtsvollzieher, November 1971, S. 4

Schunck-De Clerck: Verwaltungsgerichtsordnung, 2. Aufl., 1967

Sebode: Erinnerungsverfahren und Dienstaufsicht, DGVZ 1954, S. 81

— Fragen zur Geschäftsprüfung nach der GVO, DGVZ 1964, S. 17

Seip: Die Mitteilungspflicht des Gerichtsvollziehers und ihre Auswirkungen auf das Gebiet des Kostenrechts und der Dienstaufsicht, Der Gerichtsvollzieher, November 1971, S. 1

Seuffert-Walsmann: Kommentar zur Zivilprozeßordnung, 12. Aufl., 1933

Seybold-Hornig: Bundesnotarordnung, 4. Aufl., 1962

Stein, E.: Die Grenzen des dienstlichen Weisungsrechts, Recht und Staat 313/314, 1965, S. 44

Stein-Jonas-Schönke: Kommentar zur Zivilprozeßordnung, begr. von Gaupp, bearb. seit 1953 von Pohle, fortg. seit 1967 von Grunsky-Leipold-Münzberg-Schlosser-Schumann, 19. Aufl., ab 1964

Sydow-Busch-Krantz-Triebel: Zivilprozeßordnung und Gerichtsverfassungsgesetz, 22. Aufl., 1941

Thomas-Putzo: Zivilprozeßordnung, 6. Aufl., 1972

Tschischgale: Das Kostenrecht in Zivilsachen, 1951

Tschischgale-Luetgebrune-Lappe: Kostenrechtsprechung, Loseblattausgabe, Stand: November 1972

Ule: Beamtenrecht, 1970

Wieczorek: Zivilprozeßordnung, 1957—1958

— ZPO und GVG, Handausgabe, 2. Aufl., 1966

Wolff: Verwaltungsrecht, Bd. I, 8. Aufl., 1971; Bd. II, 3. Aufl., 1970; Bd. III, 2. Aufl., 1967

Zöller: Zivilprozeßordnung, 10. Aufl., 1968

Sachverzeichnis

Die Hinweise beziehen sich auf die Einteilungen und Seiten

Amtsaufsicht, fachliche: IV 2 b, S. 31.
Anordnungen, Anweisungen an den GV s. Weisungen
Anwendung von Gewalt durch den GV (§ 758 Abs. 3 ZPO): IV 1 b, S. 24
Aufgaben des GV: I, S. 11; IV 2 b, S. 31
Aufsichtsbeschwerde des GV gegenüber Maßnahmen der Fachaufsicht: IV 2 c (2) (c), S. 43; V 2 b (2) (b), S. 58
Aufsichtsmaßnahmen (Arten): II, S. 14; IV 2 a (1), S. 26—29; IV 2 c (1) (a), S. 36, 38 f.; V 1 b (1), S. 46
Aufsicht(smaßnahmen) gegenüber dem GV: I, S. 12 f; III 2, S. 21; s. ferner Dienst- und Fachaufsicht
Aufsichtsrichter, aufsichtsführender Richter: I, S. 12; II, S. 14 f.; III, 1, S. 20; IV 2 a (1), S. 26; IV 2 b, S. 32
Aufwandsentschädigung des GV: V 2, S. 50

Beamtenstellung des GV: I, S. 13; II, S. 14; III, S. 18; III 1, S. 19; IV 2 b, S. 33; IV 2 b, S. 35
Beschwerde des GV nach §§ 567 ff. ZPO: IV 1 c, S. 25; V 2 a, S. 50—56; VI 1, S. 59
Beschwerde, sofortige, nach § 793 ZPO: III 2, S. 21; IV 1 c, S. 25

Dienstaufsicht über den GV: II, S. 14 ff.; III, S. 18; III 1, S. 19 f.; IV 1 a, S. 22; IV 2 a (1), S. 26—31; IV 2 b, S. 33 f.; IV 2 c (1) (a), S. 36; V 1 b (1), S. 46 f.; V 1 b (2), S. 49; V 2 b (1), S. 56
Dienstaufsichtsbeschwerde des GV: II, S. 15; IV 2 c (1) (c), S. 40; V 2 a (1) (b), S. 53; V 2 b (1), S. 56; s. auch Aufsichtsbeschwerde
Dienstaufsichtsbeschwerde Dritter zur Überprüfung von Amtshandlungen des GV: IV 2 a (3), S. 31

Dienstpflichten des GV, Dienstordnung, Dienstvorschriften, Dienstanweisung: IV 1 a, S. 22; IV 2 a (1), S. 26; IV 2 a (2), S. 29 f.; IV 2 b, S. 34 f.
Dienstvorgesetzter des GV: II, S. 14 f.; III 1, S. 19 f.; IV 2 a (1), S. 28; IV 2 a (2), S. 29 f.
Disziplinarmaßnahmen, -gewalt gegenüber dem GV: II, S. 14; IV 2 a (1), S. 27 f.; IV 2 a (2), S. 30; IV 2 c (1) (a), S. 38 f.; IV 2 c (1) (b), S. 39; V 2 b (2) (b), S. 58
Durchsuchung der Wohnung des Schuldners: IV 1 b, S. 24

Eigenverantwortlichkeit des GV: s. Selbständigkeit
Einzelanordnungen, -weisungen s. Weisungen
Erinnerung: II, S. 15 f.; III 2, S. 21; IV 1 a, S. 22; IV 1 b, S. 23 f. IV 2 a (1), S. 29, IV 2 a (3), S. 30; IV 2 b, S. 33, 36; V 1 a, S. 44 f.; V 1 b (1), S. 47; V 2 a, S. 50—55
Ermessen des GV: II, S. 15; IV 1 b, S. 23—25; IV 2 a (1), S. 29; IV 2 b, S. 32
Ermessen der Vorgesetzten zur Einleitung von Disziplinarmaßnahmen gegen GV: IV 2 a (2), S. 30; IV 2 a (3), S. 31
Ermessenskontrolle: IV 1 b, S. 24

Fachaufsicht, fachliche Aufsicht: IV 2 a (1), S. 28; IV 2 b, S. 31—36; IV 2 c (2) (a), S. 40; V 1 b (2), S. 47 bis 50; V 2 b (2), S. 56—58
Fachaufsichtsbeschwerde gegen Maßnahmen des GV: IV 2 a (3), S. 30; IV 2 b, S. 36
Fachaufsichtsbeschwerde des GV s. Aufsichtsbeschwerde

Gefährdung der Befriedigung des

Sachverzeichnis

Gläubigers (§ 808 Abs. 2 ZPO): IV 1 b, S. 24
Gegenvorstellungen des GV gegenüber Aufsichtsmaßnahmen: IV 2 c (1) (c), S. 39; IV 2 c (2) (c), S. 43; V 2 b (1), S. 56
Gerichtliche Überprüfung (gerichtliche Anfechtbarkeit) der gegen den GV gerichteten Aufsichtsmaßnahmen: IV 2 c (1) (a), S. 36—39; IV 2 c (2) (a); S. 40 f.; V 2 b (2) (a), S. 57
Gerichtsverwaltung s. Justizverwaltung
Geschäftsordnung s. Dienstpflichten
Geschäftsprüfung, -revision: II, S. 15; III 1, S. 20; IV 2 a (1), S. 28; V 1 b (1), S. 46 f.; V 1 b (2), S. 48

Justizverwaltung: III 1, S. 18—20; IV 1 a, S. 23; IV 2 a (3), S. 31; IV 2 b, S. 31, 35; V 1 b (2), S. 48; V 1 c, S. 50; V 2 b, S. 56 f.
Justizverwaltungsakte: IV 2 c (2) (b), S. 42; V 4, S. 60

Kostenansatz: V 1 a (1), S. 44; V 1 b, S. 46—50; V 2 a, S. 50 Anm. 189; V 2 a (1) (a), S. 51; V 2 a (1) (b), S. 53; V 2 a (1) (c), S. 55

Ordnungsstrafen gegenüber dem GV: II, S. 16
Organ der Rechtspflege (Gerichtsbarkeit), GV als: II, S. 15; IV 2 b, S. 32, 35; s. auch Selbständigkeit

Rechtsbehelfe *des GV gegen Aufsichtsmaßnahmen:* III 2, S. 21; IV 1 c, S. 25; IV 2 c, S. 36—43; V 2 b S. 56—58; s. auch Dienstaufsichtsbeschwerde, Aufsichtsbeschwerde
Rechtsbehelfe, prozessuale, gegenüber Maßnahmen des GV: II, S. 17; III, S. 18; IV 1 a, S. 22; IV 2 b, S. 36; s. auch Beschwerde, Erinnerung
Rechtsschutzgarantie: I, S. 11; IV 2 c (1) (a), S. 37
Rechtswegzuständigkeit: IV 2 c (2) (b), S. 41—43; V 2 b (2) (a), S. 57

Remonstration des GV gegenüber Aufsichtsmaßnahmen: IV 2 c (1) (b), S. 39; V 2 b (1), S. 56

Sachweisungsbefugnis s. Weisungen
Selbständigkeit des GV: II, S. 15, 17; III, S. 18; III 2, S. 21; IV 1 a, S. 23; IV 2 a (1), S. 29; IV 2 b, S. 32—35; V 1 b (2), S. 47 f.
Selbsteintrittsrecht der Vorgesetzten des GV: IV 2 a (1), S. 29; IV 2 b, S. 32

Unrichtige Sachbehandlung (§ 11 des GV: IV 2 a (1), S. 29; IV 2 b, S. 32

Verwaltungsakt, Aufsichtmaßnahmen als: IV 2 c (1) (a), S. 36—39; IV 2 c (2) (a), S. 40 f.; V 2 b (2) (a), S. 57
Verwaltungsgerichtliche Klage des GV gegen Aufsichtsmaßnahmen: IV 2 c (1) (a), S. 36—39; s. auch Gerichtliche Überprüfung
Vollstreckungserinnerung: V 1 a (1), S. 44
Vollstreckungsgericht, -richter: II, S. 15, 17; III 2, S. 21; IV 1, S. 22 bis 25; IV 2 b, S. 33; V 1 b (1), S. 47; V 2 a (1), S. 50—54
Vollstreckungsorgan, GV als: III, S. 18; IV 2 b, S. 32; V 1 b (2), S. 47; s. auch Selbständigkeit
Vordrucke, Verwendung von: IV 2 a (1), S. 26
Vorgesetzte des GV: III 1, S. 19; IV 2 a (2), S. 30; IV 2 b, S. 33

Weigerung des GV, Vollstreckungsauftrag zu übernehmen: III 2, S. 21
Weisungen an den GV, Weisungsgebundenheit des GV, Weisungsrecht, -befugnis: II, S. 15, 17; III 1, S. 19; IV 1 a, S. 22 f.; IV 2 a (1), S. 26 bis 29; IV 2 a (2), S. 29 f.; IV 2 b, S. 31, 33—36; IV 2 c (1) (a), S. 36; IV 2 c (2), S. 40—43; V 1 b, S. 46—50

Zuständigkeit des GV: II, S. 16

Printed by Libri Plureos GmbH
in Hamburg, Germany